JN424420

이 놈의 손맛

박

박막레시피

Parkmakrecipe

배부르다고 착각하지 마

박막례시피

박막례 · 김유라 지음

ㅁ창비
Media Changbi

항시 잘 챙겨 먹어라

______________________ 에게

우리는 이 요리책을 얼마나 오랫동안 간절히 기다렸던가!

도양양

엄마에게 『알토란』이 있다면 나에겐 『박막례시피』가 있다.

챠챠오

닉김이 온다. K-그랜마가 지짐이 뒤집듯 뒤집어줄 내 요리 인생!!!

Refresher

혼자 사는 내가 어떻게 굶어 죽지 않았냐고 묻거든 고개를 들어 『박막례시피』를 보게 하라…….

sonka0_

책 출간되는 순간부터 다이어트 불가능♡

falling0923

쿨한 『박막례시피』, 기다렸어요. "닐 만치 녀!" 냄새만 맡아도 간을 맞추는 요리 천재 할머님의 수많은 비법들이 정리된 책이라니…… 행복해요!! 두근두근♡

김가현

『박막례, 이대로 죽을 순 없다』를 통해 인생의 맛을 배웠다면 이제는 『박막례시피』를 통해 손맛을 배워볼 차례! '유튜버 박막례'가 탄생하기 전, 동네 맛집 주인장 박막례를 만들어준 할머님의 레시피가 너무 궁금하고 기대되네요!

깜유camyu

할머니와 20년 동안 둘이 같이 살다가 4년 전 돌아가셨는데…… 항상 제가 울거나 우울해하면 먹어야 풀린다며 뭘 만들어주셨어요. 수제비, 간장국수, 계란볶음밥 등을 한 그릇에 투박하게 담아주셨죠. 혼자 사니 더더욱 그립네요. 할머니 오래오래 건강하세요.

linseychung

막렐루야. 43년간 쌓아온 례시피를 이렇게 나눠주시다니. 할머님은 똥손 주부의 구세주십니다. 무엇보다도 복잡하고 귀찮은 과정 없이 집에 다 있는 재료들인데 한 끗 차이로 이런 맛이 난다는 걸 알려주셔서 입이 즐겁답니다. 잊어버린 할머니 손맛을 느끼게 해주셔서 감사드립니다. ㅎㅎㅎ

azure7602

두 아들 엄마입니다. 직장 생활 때문에 반찬은 주로 사 먹었는데 요즘에는 '박막례시피'로 가족들에게 칭찬받고 있어요. 저희 애들 최애는 오징어비빔국수요!!!

u._.ana

『박막례시피』 오래 기다렸어요. 저는 할머니의 비빔국수, 간장국수 만드는 영상을 137,282번째 보고 있는 편입니다……. 출출한 저녁에 영상을 보다가 홀린 듯 냄비를 올린 적이 한두 번이 아니었고요, 얼마 전엔 포슬포슬한 감자 삶는 법을 알려주셔서 얼마나 신났는지 몰라요! 할머니 손맛 닉김으로 많이 해 먹어볼게요.

imanerdandproudofit

할머니가 올려주신 레시피들은 전부 저희 집에서 먹던 것과는 다른, 정말 새롭고 맛있는 음식이었어요!! 고추장보다 고춧가루를 더 사용한다거나, 음식에 식초를 넣는 것은 저희 집에선 볼 수 없었거든요. 할머니 덕분에 다양한 맛과 요리를 접할 수 있었습니다!!!

민지홍

매번 저희 할머니께선 "삼시세끼 꼭 챙겨 먹고, 대충 때울 생각 말아라"라고 말씀하셨어요! 『박막례시피』의 도움으로 할머니의 말씀을 잘 지켜보고 싶습니다.

김연욱

전설의 쌈밥 명인! 고든 램지도 울고 갈 바로 그 손맛! 명실상부 월드 클래스 퀸 갓 제너럴 용인의 자랑 박막례 선생님의 『박막례시피』 너무 기대됩니다ㅠㅠ 아 벌써 막 입 안에 침이 고이고, 배가 고파져요. ㅎㅎㅎ

Shanella Song

막례 할머니의 손맛이 그득그득 담긴 요리 한 그릇에 마음을 위로받았어요. 할머니의 레시피로 만든 간장국수는 마치 저를 옆에서 토닥여주고 어루만져준 것 같았어요.

sooyoung.0722

영양사예요, 할머니 요리법은 간단하면서 맛이 좋아서 여러모로 잘 활용하고 있어요. 언제나 실패 없는 맛♡ 막례쓰 레시피 닉김 아니까♡

Sang L

『박막례시피』. 똥손들에게 한 줄기의 빛.

sun2_day_

할머니 음식 영상을 보면서 저 혼자서 우당탕탕 해 먹었던 기억이 나네요. 막례 할머니는 재료를 뚝딱뚝딱 대충대충 넣어 만드시는데, 저는 신중의 신중을 기하게 되더라고요ㅋㅋㅋ 할머니 김치 레시피가 들어 있는 『박막례시피』 너무 기대돼요!!!

정윤

부모님이 바쁘셔서 동생과 둘이 있을 때가 많은데 항상 라면 같은 인스턴트식품으로 식사를 하다가 박막례시피를 알고 더 풍부한 식사를 할 수 있었습니다! 동생도 너무너무 좋아해요! 레시피북이 나와서 너무 좋아요ㅠ

yi_ppeeee

요리 다 따라 해봤는데 정말 43년 내공에서 나오는 고수의 비법이었어요. 간단하지만 확실한 고수의 맛……!

limeorangjiye_tree

국수 시리즈는 박막례 할머니 레시피만 한 걸 아직 못 찾았습니다. 책으로 두고두고 보고 싶어요. 반찬도 막례쓰 레시피로 냉장고 채워둘게요.

Parkmakrecipe

박막례 유라야, 너 뭐 요리할 줄 아는 거 있냐?

유라 ……라면?

박막례 라면? 끓일 줄이나 알어?

유라 왜 할머니, 라면 봉지 뒷면에 쓰인 대로 끓이면 제일 맛있대.

박막례 ……염병하네.

"옛날 없을 적에는 밥 한 그릇 있잖아. 밥 한 그릇 있는디 사람 숫자는 한 네 명 돼. 그러믄 밥을 어쭈고 나눠 먹어. 못 나눠 먹지. 그럴 때 솥에다 김치 넣고 밥을 넣고 물 붓고 팍팍 끓여. 밥은 한 그릇인데 다섯 그릇 만들려고."

할머니는 어렸을 때 끼니때가 돌아오는 게 걱정이었다고 한다. 지[illegible] 딸이라고 학교도 보내지 않은 아버지를 미워하면서, 부엌에서 밥을 해야 했던 열다섯 살의 할머니는 무슨 생각을 했을까.

할머니는 지금까지 자랑스럽게 이야기한다. 그 시절 원망 가득한 마음으로 한 밥을 집안사람들 모두가 입을 모아 맛있다고 칭찬했다고. 평소에는 늘 못 배운 걸 그토록 부끄러워하는 할머니이지만, 자신의 손맛에 대한 자부심만은 정말 대단하다. 그리고 나는 그런 우리 할머니를 존경한다.

할머니는 새벽 4시에 출근해 식당 일을 종일 하면서도 남의 노는 밭을 빌려 부지런히 농사를 지었다. 오이, 가지, 피망, 고추, 감자, 대파, 토마토……. 어른들은 왜 노는 땅을 그대로 두지 못하고 이토록 부지런히 몸을 움직이는 걸까. 계절이 바뀌는 게 당연하면서도 싹이 나고 줄기가 자라 열매를 맺는 자연의 순환은 신기하기만 하다. 그 켜켜이 쌓인 시간 덕분에 나도 이만큼이나 자랐겠지.

할머니 목소리가 귓가에 맴도는 것 같다.

"일 안 하는 년이 무섭지. 나는 내 밭에서 난 요 고추들이 더 소중해."

"나는 망하는 것은 다 장아찌로 담가부러."

할머니 농사는 매년 고추 농사 빼고는 다 망했다.

특히 수박은 매년 실패하면서도 매년 도전했고, 망한 수박들은 장아찌로 둔갑하기 일쑤였다. 나는 저 망할 수박들 키우는 게 뭐가 그렇게 재밌느냐고, 할머니에게 물었다.

우리 할머니 가라사대,

여름 달밤, 수박밭에 가만히 앉아 있으면 수박 크는 소리가 들린다고 한다.

PROLOGUE

막례쓰

나는 음식 해 먹을 때 맛있으면 내 손이 참 감사하다.
울 엄마가 손맛은 잘 만들어놨다 그래.
내가 주물주물 하면 손님들이 다 맛있다고 하더라고.
내 자랑이 아니고 손님들한테 들은 말이야.

내가 이 손 때문에 살을 못 뺀다.
간이 미쳐버리겄어.
아이고, 이놈의 손맛.

편들이, 내가 아끼는 레시피 많이 가르쳐주니께 해 먹어라.
느그들 해 먹을 때는 귀찮은 거 싫어하잖아.
요리는 닉김이야. 맛의 비법은 대충이다.

Chef
Makrye Park
Makrye
Park

Makrye

일러두기

닐 만치 녀.

✿ 박막례 할머니의 레시피는 요리할 때마다 매번 닉김에 따라 달라집니다. 계량이 부정확할 수 있고 재료도 매번 같지 않습니다(유튜브에 공개된 레시피와도 다를 수 있어요). 그러니 재료가 있는 대로 맛있게 요리해드시길 권합니다.

그니까 밥 빼고 다 녀.

✿ 할머니 요리에는 다시다, 미원이 조금씩 들어갑니다. 대략 다시다는 $\frac{1}{2}$큰술, 미원 $\frac{1}{2}$작은술이에요. 레시피대로 했는데 니 맛도 내 맛도 아닐 때는 다시다와 미원을 추가해보세요.

레시피 계량 기준은 다음과 같습니다.

✿ 1컵 = 종이컵 180*ml*, 1큰술 = 밥숟가락, 1작은술 = 찻숟가락

CONTENTS

입맛 없을 때 3인분만

분식

새끼들도 잘 먹지만 내가 제일 좋아하는

반찬

지친 하루에 따뜻한 기운을

국물 요리

맛있으니까 그냥 다 먹어라, 막례쓰

비장의 요리

맛의 비결은 내 손맛, 사람 죽이는

김치

Parkmakrecipe

입맛 없을 때 3인분만

분식

잔치국수

냉장고 떠들어 봐갖고 있는 거 팍팍팍 넣어갖고 끓여 먹어

코끝에 차가운 아스팔트 땅 냄새가 올라올 때쯤 할머니 식당에는 멸치, 다시마를 진하게 우린 국물 냄새가 가득했다. 그때쯤 할머니가 자주 해주시던 잔치국수. 옛날에는 큰 잔치가 있을 때나 먹었던 음식이라지만, 우리 할머니에게는 수십 가지 반찬을 내야 하는 한 끼 밥보다 쉽고, 누구나 좋아해준 고마운 요리였다고 한다.

재료

소면 2인분
당근 $\frac{1}{4}$개
애호박 $\frac{1}{4}$개
쪽파 2대
대파 $\frac{1}{2}$대
느타리버섯 1줌
홍고추, 풋고추 각 $\frac{1}{2}$개
다진 마늘 1큰술
국간장 2큰술
소금 $\frac{1}{2}$큰술
후춧가루 $\frac{1}{2}$작은술
계란 1개

육수
물 6컵
다시마 1장
왕멸치 1줌
양파 껍질째 1개
무 $\frac{1}{5}$개

레시피

❶ 냄비에 물, 다시마, 왕멸치를 넣고 한소끔 끓인 뒤 깨끗히 씻은 양파 껍질, 양파, 무를 넣고 30분 정도 끓여 육수를 만든다. **소중한 국물 하나도 버리면 안 되니까 구녕바구리에 재료를 건져라.**

❷ 당근, 애호박은 채 썰고, 쪽파, 대파는 송송 썬다. 느타리버섯은 손으로 잘게 찢고, 홍고추, 풋고추는 어슷 썬다.

❸ 다른 냄비의 끓는 물에 소면을 넣고 3~4분 정도 삶는다. 물이 끓어오르면 찬물을 넣고 다시 끓인다. 다 익으면 체에 걸러 찬물에 여러 번 헹군 뒤 물기를 뺀다. **익었나 안 익었나 알아보는 방법은 먹어보는 게 최고 방법이야. 시간 재고 염병하지 말어. 빨래 빨듯이 비벼주고 물기를 꼭 짜.**

❹ 준비된 육수에 다진 마늘을 넣고 국간장, 소금, 후춧가루로 간을 맞춘다. 육수가 다시 끓으면 당근, 애호박, 쪽파, 느타리버섯을 넣는다. **계란은 취향껏 넣거나 해. 계란 먼저 풀어준 다음 맨 마지막에 넣어. 그래야 맛이 깔끔하지.**

❺ 그릇에 국수를 1인분씩 담고 육수를 붓는다. 대파, 홍고추, 풋고추를 국수 위에 올린다.

막례쓰 팁
멸치 없으면 계란반 풀고 해. 미트 안 가고 그것이 가장 빨라.
양파를 껍질째 넣고 육수를 내면 5일은 맛이 그대로야. 안 쉬어.

간장국수

진짜 맛있는데 양념도 간단해. 이거는 내 비밀인데 오늘 터트려버렸다요

유튜브에서 엄청난 조회수를 기록한 할머니의 필살기! 처음 이 국수를 맛보았을 땐 정말 놀랐다. 이런 양념의 이런 국수가 있었다니……. 평소에는 뭐가 특별한지 잘 몰랐는데, 유튜브를 찍으며 찬찬히 할머니의 레시피를 들여다보다 깨달았다. 식초가 비법이었구나!

재료

소면 2인분
애호박 $\frac{1}{3}$개
당근 $\frac{1}{3}$개
쪽파 5대
홍피망 $\frac{1}{4}$개

양념장

진간장 4큰술
식초 3큰술
설탕 3큰술
참기름 2큰술
다진 마늘 1큰술
고춧가루 $\frac{1}{4}$큰술
물 1큰술
통깨 1큰술

레시피

❶ 애호박, 당근, 홍피망은 가늘게 채 썰고, 쪽파는 3cm 길이로 썬다.
볶아도 되는데 양이 적으니까 면을 삶을 때 같이 녀.

❷ 끓는 물에 소면을 넣고 3~4분 정도 삶는다. 물이 끓으면 찬물을 넣고 다시 끓인다. 면이 거의 익으면 홍피망을 제외한 채소를 넣고 30초 정도 더 익힌다.

❸ 양념장 재료를 섞는다.

❹ 삶은 소면과 채소는 체에 걸러 찬물에 여러 번 헹군 뒤 물기를 뺀다.

❺ 볼에 소면, 양념장을 넣고 잘 비빈 뒤 홍피망을 올린다.

막례쓰 팁

어떤 비빔국수든 간에 식초가 약간 들어가야 맛있어. 밀가루 잡냄새가 가시고 물리지가 않아. 간장국수는 맵지 않아서 애들이랑 같이 먹기 좋아. 엄마들 이거 애들 해주면 계속 해달라고 한다. 귀찮하다, 이제. 각오하고 해.

비빔국수

입맛 없으면 슬슬 해갖고 뚝딱하세요

나훈아 콘서트 리뷰 영상이 올라간 뒤 뜻밖의 댓글이 폭발했다. 영상 속에서 할머니가 대충 비벼줘서 먹던 그 비빔국수 레시피를 알려달라는 구독자들의 요청이었다. 그렇게 우리의 첫 레시피 콘텐츠가 탄생했다.
새콤달콤한 묵은지 덕분에 질리지 않고 계속 당기는 맛!

재료

소면 2인분
애호박 $\frac{1}{3}$개
당근 $\frac{1}{3}$개
양파 $\frac{1}{4}$개
오이 $\frac{1}{4}$개
방울토마토 4개
쪽파 7대
묵은지 1줌

양념장

고운고춧가루 2큰술
진간장 2큰술
참기름 2큰술
설탕 2큰술
식초 $1\frac{1}{2}$큰술
다진 마늘 2작은술
통깨 1큰술

레시피

1. 애호박, 당근, 양파, 오이는 먹기 좋은 크기로 채 썬다.
2. 방울토마토는 동그란 모양을 살려 썰고, 쪽파는 3cm 길이로 썬다. 묵은지는 물에 씻어 채 썬다. 묵은지가 아니면 안 씻어도 돼.
3. 끓는 물에 소면을 넣고 3~4분 정도 삶는다. 물이 끓으면 찬물을 넣고 다시 끓인다. 면이 거의 익을 때쯤 채 썬 애호박과 당근을 넣고 30초 정도 더 익힌다. 양이 많으면 따로 볶아.
4. 삶은 소면과 채소는 체에 걸러 찬물에 여러 번 헹군 뒤 물기를 뺀다.
5. 양념장 재료를 섞는다.
6. 볼에 삶은 소면, 준비한 채소, 양념장을 넣고 잘 비빈다. 싱거우면 간장으로 간을 조절한다.

박막례 팁
나는 될 수 있으면 음식에 고추장을 잘 안 써. 내 스타일이야.
고추장 칠 때는 따로 있더라고.

오징어비빔국수

호프집 장사할 때 손님들이 안주로 진짜 좋아했어

할머니가 가끔 식당에서 주방 이모들을 위해 만들어주던 특별식. 이 레시피는 할머니가 서울에서 호프집 하던 시절 안주로 내주던 요리인데, 본인이 만들었지만 너무 맛있어서 손님들이 남겨주길 바랐다고.

재료

소면 2인분
오징어 1마리
양파 1개
홍피망, 청피망 각 $\frac{1}{4}$개
대파 $\frac{1}{2}$대
당근 $\frac{1}{4}$개
풋고추 3개
쪽파 6대
식용유 5큰술
간장 3큰술
참기름 2큰술
통깨 1큰술

양념

고운고춧가루 4큰술
설탕 3큰술
다진 마늘 2큰술
후춧가루 한 꼬집

레시피

❶ 끓는 물에 소면을 넣고 3~4분 정도 삶는다. 물이 끓으면 찬물을 넣고 다시 끓인다. 다 익으면 체에 걸러 찬물에 여러 번 헹군 뒤 물기를 뺀다. 국수는 사람 봐갔고 먹을 만치 넣어요.

❷ 오징어는 껍질째 먹기 좋게 썬다.

❸ 양파, 홍피망, 청피망은 채 썰고, 대파, 당근, 풋고추는 어슷 썬다. 쪽파는 3cm 길이로 썬다.

❹ 달군 팬에 식용유를 두르고 오징어와 간장을 넣고 볶는다. 오징어가 익을 때쯤 준비한 채소와 양념을 넣어 볶는다. 싱거우면 간장을 더 녀. 맵게 먹으려면 청양고추를 넣고.

❺ 접시에 소면을 올리고 참기름, 통깨를 뿌린다. 그 옆에 오징어볶음을 올려 완성한다. 오징어볶음과 소면을 잘 섞어서 먹어.

막례쓰 팁 오징어볶음으로 먹으려면 식감을 위해 채소를 덜 익히는데, 국수랑 먹을 때는 오징어가 익을 때쯤 채소를 넣고 다 익혀.

어묵우동

집에서 해 먹을 때는 어묵을 종류별로 다양하게 넣는 게 재미야

최근에 할머니가 해준 음식인데 맛있는 어묵이 관건이다. 휴게소에서 어묵 쪼금 들어간 우동을 먹다가, 집에서 어묵 한 봉지 푸짐하게 넣어서 만드니 맛이 없을 리가 없다!

재료

우동면 2인분
어묵 1봉지
홍피망, 청피망 각 $\frac{1}{4}$개
쪽파 2대
다진 마늘 1큰술
국간장 3큰술

육수

물 6컵
다시마 3장
왕멸치 1줌
양파 껍질째 1개와 깐 양파 1개
무 $\frac{1}{5}$개
표고버섯 1개
소주 2큰술

레시피

❶ 냄비에 소주를 제외한 육수 재료를 넣고 10분 정도 끓이다가 소주를 넣는다. 10분 정도 더 끓인다.

❷ 어묵은 먹기 좋게 썬다. 홍피망, 청피망은 네모지게, 쪽파는 송송 썬다.

❸ 육수 재료는 체로 건진 뒤 다진 마늘을 넣고 국간장으로 간을 맞춘다.

❹ 어묵, 홍피망, 청피망, 쪽파를 넣고 끓인다.

❺ 팔팔 끓으면 우동면을 넣어 익힌다.

유라

할머니, 소주는 왜 넣는 거야?

막레스
육수에 소주를 넣어야 단맛이 나는 거야.
잡냄새도 잡아주고.

국물떡볶이

떡볶이에서 제일 중요한 게 뭔지 아냐? 계란 물부터 올려

쉽지만 어려운 게 떡볶이다. 진짜배기 국물떡볶이는 국물이 맛있어야 하는데, 이 떡볶이야말로 국물을 국자째로 떠먹고 싶을 만큼 끝내준다. 유튜브를 통해 공인된 맛이자 내가 제일 좋아하는 할머니의 레시피.

재료

떡볶이용 떡 1봉지(400g)
납작어묵 1봉지(6장)
계란 3개
소금 한 꼬집
양파 $\frac{1}{4}$개
당근 $\frac{1}{4}$개
대파 하얀 부분 $\frac{1}{2}$대
쪽파 4대
물 5컵

양념

고추장 크게 4큰술
설탕 5큰술
고춧가루 2큰술
국간장 4큰술
식용유 1큰술
후춧가루 한 꼬집
다진 마늘 3큰술

레시피

1. 끓는 물에 소금을 한 꼬집 넣고 계란을 10분간 삶는다.
2. 떡볶이용 떡은 물에 잠깐 불린다. 유라랑 나랑 둘이 먹을 거지만 떡볶이 양은 3인분. 유라 보내놓고 한 번 더 먹을 거예요.
3. 어묵은 먹기 좋은 크기로 썬다. 나는 통으로 하나 넣을게. 이불처럼 덮어도 돼. 내가 먹을 거니까 내 맘이어요.
4. 양파는 채 썰고, 당근은 반달 모양으로 가늘게 썬다. 대파는 하얀 부분을 반으로 가르고 쪽파와 함께 송송 썬다. 양파 없으면 안 넣어도 되는데 파는 없으면 안 돼.
5. 냄비에 물을 넣고 끓인 뒤 고추장을 풀고 어묵, 불린 떡을 넣는다.
6. 설탕, 고춧가루, 국간장을 넣는다. 고춧가루는 맵기 정도에 따라 조절한다.
7. 식용유를 넣는다. 나의 비법이야. 몸에 들어가는 느낌이 달라. 식용유 대신 참기름도 가능해.
8. 후춧가루, 준비한 채소를 넣고 양념이 고루 배일 때까지 끓인다.
9. 삶은 달걀, 다진 마늘을 넣고 1분 정도 더 끓인다. 안 넣어도 되지만 나는 마늘 좋아하니까, 니께.

막례쓰 팁

느그들 떡볶이가 아주 쉬운데 또 어려운 거 알지? 매콤하면서 달달하고 칼칼한 국물이 식용유를 넣어서 부드러워. 먹기 텁텁하지 않아서 국물이 계속 땡겨. 계란도 으깨서 국물이랑 먹어봐. 이 맛을 어찌해야 쓰까나. 환장하겠네.

김치수제비

완전 쪼득쪼득 얼큰한 수제비, 후다닥 해 먹어라

수제비가 거기서 거기라고 생각할 수도 있지만 박막례의 수제비는 진짜 쪼득쪼득하다. 이빨이 빠질 것 같다나 뭐라나. 할머니가 손힘이 워낙 세서 반죽이 탄탄한 건지, 그게 진짜 손맛인 건지 진실을 알 방법은 없다.

재료

묵은지 $\frac{1}{4}$포기

감자 1개

양파 $\frac{1}{4}$개

당근 $\frac{1}{5}$개

대파 $\frac{1}{4}$대

쪽파 5대

반죽

밀가루 $3\frac{1}{2}$컵

소금물(물 1컵+소금 한 꼬집) 1컵

계란 1개

식용유 1큰술

육수

물 6컵

다시마 1줌

왕멸치 1줌

양념

국간장 4큰술

참기름 1큰술

다진 마늘 2큰술

레시피

❶ 볼에 반죽 재료를 넣고 반죽한다. 반죽은 한 시간 정도 숙성시킨다.

❷ 냄비에 육수 재료를 넣고 센 불에 팔팔 끓으면 중불로 줄여 10분간 끓인다. 육수가 우러나면 육수 재료는 체로 건진다.

❸ 감자, 양파, 당근, 대파, 쪽파는 먹기 좋은 크기로 썬다. 묵은지는 송송 썬다. 감자는 물러버리니까 큼직하게 써는 게 좋아.

❹ 육수에 묵은지, 감자, 양파, 당근을 넣고 국간장으로 간을 맞춘 뒤 참기름을 넣는다.

❺ 육수가 한 번 더 끓으면 반죽을 조금씩 떼어서 넣는다.

❻ 반죽이 익으면 대파, 쪽파, 다진 마늘을 넣고 3분 정도 더 끓인다.

막례쓰 팁

나는 수제비가 두 가지 스타일이야. 여름에는 호박 넣고 감자 넣고 끓여서 먹고, 겨울에는 감자랑 배추김치 송송 썰어서 넣으면 기가 맥히다, 진짜.

김치볶음밥

한 번 할 때 많이 해서 뒀다 먹어

할머니는 손이 커서 볶음밥을 하면 쌀 한 가마니 다 쓰는 거 아닌가, 저걸 누가 다 먹나 싶을 만큼 냄비가 차고 넘쳤다. 그 많은 볶음밥을 락앤락 통 여러 개에 나누어 담아서 자식들 집으로 챙겨 보냈다. 그렇게 할머니가 볶아준 김치볶음밥을 우리 가족은 아침밥으로 종종 먹곤 했다.

재료

밥 3공기
잘 익은 김치 $\frac{1}{4}$포기
양파 1개
당근 $\frac{1}{2}$개
대파 1대
쪽파 5대
식용유 6큰술
다진 마늘 1작은술
참기름 2큰술
소금 $\frac{2}{3}$작은술
통깨 1큰술
계란 3개

레시피

❶ 김치는 국물을 꼭 짠 뒤 송송 썬다. 양파, 당근, 대파, 쪽파는 먹기 좋은 크기로 썬다.

❷ 달군 팬에 식용유 5큰술을 두르고 쪽파를 제외한 채소와 다진 마늘을 넣고 볶는다.

❸ 어느 정도 익으면 김치를 넣고 볶는다.

❹ 밥을 넣고 고루 섞은 뒤 참기름을 두르고 소금과 통깨를 뿌린다.

❺ 다른 팬에 식용유 1큰술을 두르고 계란프라이를 한다.

❻ 그릇에 1인분씩 옮겨 담고 송송 썬 쪽파와 계란프라이를 올린다.

막례쓰 팁

김치볶음밥에 고추장은 안 들어가고 김치로만 간을 해.
싱거우면 김치 양념을 넣어주면 돼.

햄야채볶음밥

김밥 재료 남았을 때 한 끼 해결해

보통 고모네 아이들이 소풍 갈 때 구경할 수 있었던 메뉴. 고모가 김밥 싸고 남은 햄을 가져오면 할머니는 햄야채볶음밥을 만들어서 또 락앤락에 담아 우리 집에 보냈다. 떠올리기만 해도 군침이 도는 맛. 우리 가족은 고모네 아이들이 소풍 가는 날을 기다리곤 했다.

재료

밥 2공기

각종 햄(스모크햄 $\frac{1}{4}$개, 빅그릴프랑크 2개)

당근 $\frac{1}{4}$개

양파 $\frac{1}{2}$개

감자 1개

애호박 $\frac{1}{3}$개

식용유 5큰술

다진 마늘 $\frac{1}{2}$큰술

소금 $\frac{1}{2}$큰술

참기름 1큰술

레시피

❶ 햄은 먹기 좋은 크기로 썬다. 당근, 양파, 감자, 애호박은 깍둑 썬다.

❷ 달군 팬에 식용유를 두른 후 다진 마늘, 햄을 먼저 넣고 볶다가 당근, 양파, 감자를 넣고 볶는다.

❸ 소금으로 간을 하고 참기름을 넣는다.

❹ 밥과 애호박을 넣어 볶는다.

막례쓰 팁

애호박은 색이 변하니까 낸 나중에 넣어 볶아라.
햄이 들어가서 소금 적게 넣어도 괜찮아.

상추비빔밥

상추비빔밥은 5분도 안 걸려. 입맛이 무장 살아나

여름이면 할머니는 상추를 삭삭 잘라서 맛있게 양념해 밥과 비벼 먹곤 했다. 쌈밥집에서 손님상에 오르기도 전에 썩어나가는 상추들을 보면 가슴이 아팠을 테다. 할머니의 상추비빔밥은 시원하고 새콤달콤 짭짤했다. 나도 여름 내내 만들어 먹는 손쉬운 메뉴다.

재료

밥 2공기

상추 20장

양파 $\frac{1}{2}$개

당근 $\frac{1}{4}$개

대파 $\frac{1}{3}$대

홍고추, 풋고추 각 1개

양념

고춧가루 $2\frac{1}{2}$큰술

설탕 $\frac{1}{2}$큰술

다진 마늘 1큰술

진간장 2큰술

참기름 1큰술

통깨 1큰술

레시피

❶ 상추는 먹기 좋은 크기로 썬다. 양파, 당근은 채 썰고, 대파, 홍고추, 풋고추는 어슷 썬다.

❷ 볼에 상추, 채소, 양념을 넣고 겉절이처럼 무친다.

❸ 밥을 넣고 비빈다. 고추장은 따로 안 넣어. 양념이 다 됐으니까.

요즘 친구들, 유라도 그렇고 한 끼 먹는 거 너무 귀찮아하잖아.
때우는 식으로 편의점 도시락 먹고 배달해 먹고.
제일 쉬운 게 밥인데 그것도 사 먹잖아.

내 생각에는 밥부터 해 먹기 시작해보면 좋겠드라고.
암만 뜨거운 밥 진공으로 포장했다 해도 파는 것보다
밥 한 번 해서 한 그릇씩 담아서 냉동시켰다가
전자레인지에 데워 먹으면 어떨까.

조금 들 사 먹고 건강하게 밥이라도 직접 해 먹었으면 좋겠어.

Makrye
Park

Parkmakrecipe

새끼들도 잘 먹지만 내가 제일 좋아하는

반찬

장아찌 소스

나는 별걸 다 장아찌로 만들어. 양파, 마늘, 깻잎, 고추는 기본이고…… 두릅, 당귀, 파 뿌리도 해봤어. 나 참 알뜰하지? 허허허헛호하하핫

재료

소스

물

설탕

진간장

식초

소주(막소주도 가능)

레시피

깻잎, 두릅 장아찌

1. 냄비에 물, 설탕은 1 : 1 비율로 넣고, 진간장은 $\frac{1}{2}$ 분량, 식초는 $\frac{1}{5}$ 분량을 넣는다. 설탕이 녹을 때까지 끓인다.
2. 다 끓으면 불을 끄고 소주를 $\frac{1}{2}$의 비율로 넣는다.
3. 흐르는 물에 깻잎을 깨끗이 씻는다. 두릅은 밑동을 자르고 겉껍질을 벗겨서 씻어.
4. 저장할 용기에 켜켜이 쌓는다. 두릅은 반으로 가르거나 통째로 넣어버려.
5. 장아찌 소스가 뜨거울 때 붓는다. 빳빳한 깻잎은 소스를 끓일 때 아예 같이 넣고 끓여버리기도 해. 그러면 훨씬 부드러워져요.

양파 장아찌

1. 냄비에 물, 설탕, 진간장은 1 : 1 : 1 비율로 넣고 식초는 $\frac{1}{5}$ 분량을 넣는다. 설탕이 녹을 때까지 끓인다.
2. 다 끓으면 불을 끄고 소주를 $\frac{1}{2}$의 비율로 넣는다.
3. 껍질을 깨끗하게 벗긴 양파를 통째로 준비한다. 통째로 넣어도 되고 깍둑 썰어도 되고 맘대로 해. 나는 통이여.
4. 저장할 용기에 양파를 넣는다.
5. 장아찌 소스를 한 김 식힌 뒤 붓는다. 오이나 고추도 마찬가지야. 아삭하게 먹는 장아찌는 꼭 식혔다 부어.

막례쓰 꿀팁

장아찌 담글 때 재료(깻잎, 두릅, 양파 등) 양에 따라 소스 양도 달라지니까 비율만 기억해. 소스는 용기에 재료 다 잠길 만큼 만들어야 돼. 소주는 난낫도 추가되지만 맛도 변하지 말라고 넣는 거야.

나는 뭐든 맛이 없으면 장아찌로 담가버려. 지난가을에는 김장하고 남은 무로 무나물 해 먹으려고 했더니 맛이 없는 무더라고. 버리긴 아깝고 장아찌 담가버렸어. 그때는 간장 말고 배추 절인 물(소금물)로 장아찌를 담갔지. 장아찌 무는 먹을 만큼만 꺼내 잘게 잘라서 고춧가루 양념해서 먹으면 돼.

장아찌의 매력? 밥에다 영거 먹으면 기가 맥혀요.
아주 사람 죽어. 내가 사람 죽일 짓 했어.
물에 밥을 말아 먹을 때 같이 먹으면 기가 맥혀.
아니면 고기 구워 먹을 때 먹고.

참외 장아찌 들어봤어? 기가 막히게 맛있는 거지.
옛날에 농사 지어갖고 참외가 안 달면 다 장아찌 담갔어.
환장들 해, 사람들이.

장아찌는 안 되는 거 없어. 다 되는 거여.
파 뿌리도 찔레 이파리도 천도복숭아도 장아찌 담갔어.
쓸데없는 것들은 바로 장아찌야. 해놓으면 다 맛있어.

쓸데없는 것들을 내가 다 살려주는 거여.
장아찌로 다시 탄생하는 거여.
내가 장아찌 엄마여.

유라

할머니, 병원에서 무릎 때문에 살 빼라고 했잖아. 요새 좀 빠졌어? 다이어트 중?

막례

다이어트? 아 나 못해. 다이어트하면 빠지는 맛이 있어야 하는데 안 빠져.
우리 딸은 엄청 나한테 염장 지른다. 먹으니까 살 찌지, 안 먹는데 찌겠냐고. 근데 우리 큰아들은 엄마는 밥은 잘 안 먹는데 살이 왜 안 빠지냐고 해. 날마다 몸무게 재는데 똑같애. 아이고.

유라

내 생각에는 할머니가 물을 안 먹어서 그래. 장아찌 많이 먹고 물 안 먹으면 짠 기운이 그대로 몸에 남아 붓는 거래. 배출해야 하는데 그대로 남는다고 하더라고.

막례

물병 하나 정해놓고 먹어볼까 했는데 하루에 요만큼, 몇 모금 안 먹었더라고. 꿀떡꿀떡 마셔야 되는데 오바이트 나와.

유라

무릎이냐 물이냐 선택해.

막례

무릎.

유라

그러니까 할머니, 우리 노력해보자.

오이지무침

재료

오이지 4개, 쪽파 3대, 홍고추 1개

양념 고춧가루 1큰술, 설탕 1큰술, 다진 마늘 2작은술, 참기름 $1\frac{1}{2}$작은술, 통깨 1큰술

레시피

❶ 오이지는 송송 썰어 물에 10분 정도 담가둔다. 시중에 파는 게 조금 짜.

❷ 쪽파, 홍고추는 다진다.

❸ 오이지는 물기를 꼭 짠다.

❹ 볼에 오이지, 쪽파, 홍고추, 양념을 넣고 무친다.

막례쓰 팁 오이지부터 직접 만들려면 소금물 끓여서 뜨거울 때 확 붓고 15일 정도 재우면 돼.

시금치무침

재료

시금치 1단, 쪽파 2대, 홍고추 조금(장식용), 소금 2작은술

양념 진간장 1큰술, 참기름 1큰술, 다진 마늘 1작은술, 통깨 1큰술

레시피

❶ 시금치는 뿌리가 크면 2쪽이나 4쪽으로 갈라 손질한 뒤 찬물로 깨끗이 씻는다. 쪽파는 송송 썰고, 홍고추는 어슷 썬다.

❷ 끓는 물에 소금을 넣고 시금치를 살짝 데친다.

❸ 시금치를 건져 찬물에 헹구고 물기를 꼭 짠다.

❹ 볼에 시금치, 쪽파, 양념을 넣고 무친 뒤 홍고추를 올린다.

오이지무침
시금치무침

왕계란말이

작은아들은 나보고 계란말이로 출세했대. 이거 먹으러 손님들이 많이 왔어

할머니가 말아준 두툼한 계란말이는 한 입 물자마자 느껴진다. 화려한 메인 반찬 없이도 차린 사람의 수고가 담긴 귀한 밥상, 그 닉김! 할머니의 계란말이와 흰 쌀밥은 마음을 부자로 만들어준다.

재료

계란 10개
쪽파 10대
양파 $\frac{1}{2}$개
당근 $\frac{1}{3}$개
소금 $\frac{1}{2}$큰술
식용유 5큰술

레시피

❶ 볼에 계란을 넣고 풀어준 뒤 소금을 넣어 간을 한다.

❷ 쪽파, 양파, 당근은 다진다.

❸ 풀어놓은 계란에 다진 채소를 넣고 섞는다.

❹ 달군 팬에 식용유를 두르고 계란물을 얇게 부어 부친다. 바닥면이 어느 정도 익으면 말고 다시 계란물을 붓고 말기를 반복한다. 둥근 팬보다 네모진 팬이 더 잘돼.

박막례 사장님
은퇴하는 날!
43년동안
정말
수고하셨습니다
이제 반찬걱정 끝이다!
옛날보리밥•쌈밥
옛날보리밥•쌈밥

막례쓰 추억 여행

식당 할 적에 계란말이가 엄청 인기 많았어.
하루에 계란 열다섯 판씩 나갔어.
계란 쌓아놓고 손님 올 때마다 부쳐서 나갔지.
돈도 안 받고 막 서비스로 해줬지.
이렇게 한 번에 열 개씩 크게는 안 해줬어.

에버랜드 직원들이 일하다가 그만두고는
에버랜드 올 일 있을 적에 우리 식당에 오는 거야.
영등포에서부터 밥 안 먹고 우리 집에 계란말이 먹으려고 왔대.
자기네 집에서 해 먹으면 이렇게 안 된대.
이 맛이 아니래.
나한테는 이렇게 고마운 손님들이 많아.

지금까지도 기억에 남는 고마운 손님들

말없이 매일 음식 먹으러 오던 사람들이 있어. 처음 여의도에서 장사할 때는 나를 엄청 불쌍하다고 생각해서 매일 오는 손님이 있었어. 그 손님은 항시 음식이 맛있어도 먹고, 맛없어도 다 먹고.

용인에 와서도 한 사람이 있었는데. 진짜 나를 도와주려고 하고. 맛이 없어도 잘 먹었어. 한집에서 매일 음식을 먹다 보면 내가 만든 거라도 먹기 싫을 때가 있잖아. 특히 식당 음식은 한두 달 먹으면 싫증 나는 게 있지. 그런데 용인에서 9년간 대놓고 먹은 사람도 있어. 다른 식당 하나도 안 가고 우리 집에서만. 그 사람들 마지막에 떼어놓고 올라니까 마음이 엄청 아프더라고. 내가 식당 안 한다고 하면 저 사람을 어디로 가라고 할까. 어떻게 하라고 해야 할까. 그때가 마음이 젤로 아팠어.

언제 얘기해야 할까 하다가 겨우 저녁에 식사하러 왔을 때 앉아서 얘기했어. 도로가 나서 건물이 뜯겨갖고 식당 못 하게 생겼다니까, 들었다고 하면서 아주머니 고생했다고 하더라고. 용인에서 고생한 거 아는 사람은 다 안다 이거여. 고생했으니까 인자 보상받아갖고 편히 살으라고. 그때는 인자 유튜브 허기는 했어도 뜨기 전이어서 모르는 사람은 몰랐었지. 용인에서 도와주는 사람들이 참 많았어. 지금 다시 생각해도 너무 고맙지.

할머니 오늘 마지막 날인데 기분이 어때?

서운해

기분이 너무....

할머니가 여서

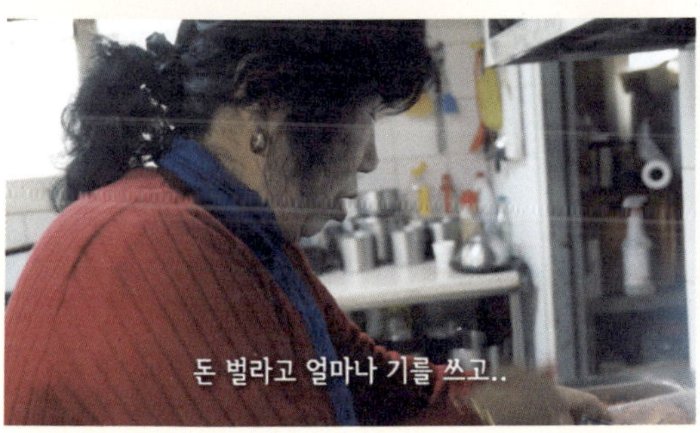
돈 벌라고 얼마나 기를 쓰고..

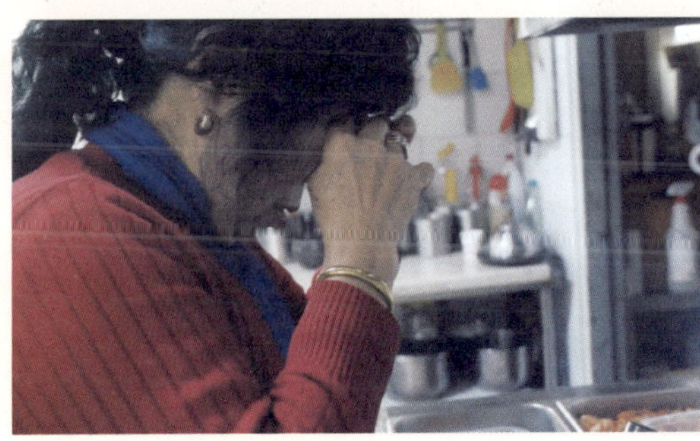

콩나물무침

재료

콩나물 1봉지(200g), 쪽파 2대

양념 소금 $\frac{1}{2}$작은술, 다진 마늘 1작은술, 진간장 1작은술, 참기름 1큰술, 통깨 $\frac{1}{2}$작은술

레시피

❶ 콩나물은 지저분한 끝부분을 다듬고 찬물에 깨끗이 씻는다. 쪽파는 송송 썬다.

❷ 끓는 물에 콩나물을 넣고 뚜껑을 덮은 뒤 5분간 데친다. 옛날에는 콩나물 비린내가 났지만 요즘은 안 나. 걱정하지 말고 해.

❸ 콩나물을 꺼내 찬물에 헹구고 물기를 꼭 짠다.

❹ 볼에 콩나물, 쪽파, 양념을 넣고 무친다.

막례쓰팁 숙주나물은 콩나물보다 덜 삶으면 된다. 양념은 콩나물무침과 똑같지.

미나리무침

재료

미나리 1봉지(200g), 쪽파 2대, 소금 2작은술

양념 설탕 $\frac{1}{2}$작은술, 다진 마늘 1작은술, 진간장 1작은술, 참기름 1큰술, 통깨 1작은술

레시피

❶ 미나리는 줄기 끝부분과 시든 잎을 다듬고 찬물에 깨끗이 씻는다.

❷ 끓는 물에 미나리와 소금을 넣고 살짝 데친 뒤 찬물에 씻어 물기를 짠다.

❸ 데친 미나리는 적당한 길이로 썰고, 쪽파는 송송 썬다.

❹ 볼에 미나리, 쪽파, 양념을 넣고 무친다. 간장을 좀 넣어줘야 맛있어.

막례쓰팁 바로 먹을 거면 식초 1큰술을 넣고 새콤달콤하게 무치면 맛있어. 식당 할 때처럼 두었다 먹으려면 식초를 안 넣으면 돼. 식초 들어가면 두 시간 지나면 누래져.

콩나물무침
미나리무침

단무지무침

재료

통단무지 1개, 쪽파 3대, 홍고추 $\frac{1}{2}$개

양념 고운고춧가루 $1\frac{1}{2}$큰술, 다진 마늘 1작은술, 진간장 1큰술, 참기름 1큰술, 통깨 1작은술

레시피

❶ 통단무지를 먹기 좋은 크기로 썰어서 물기를 꼭 짠다. 쪽파, 홍고추는 송송 썬다.

❷ 볼에 단무지, 쪽파, 홍고추, 양념을 넣고 무친다.

두부브로콜리무침

재료

두부 $\frac{1}{2}$모(250g), 브로콜리 1개, 당근 $\frac{1}{4}$개, 쪽파 3대, 홍고추 $\frac{1}{2}$개, 소금 1꼬집

양념 소금 1큰술, 다진 마늘 2작은술, 식용유 2큰술, 참기름 2큰술

레시피

❶ 브로콜리는 먹기 좋은 크기로 썰고, 당근, 쪽파, 홍고추는 다진다. 두부는 물기를 꼭 짠다.

❷ 끓는 물에 소금과 브로콜리를 넣고 1분 정도 데친 뒤 찬물에 헹군다.

❸ 볼에 두부를 으깨고 브로콜리, 다진 채소, 양념을 넣어 무친다.

막렌쓰팁 브로콜리 대신 쑥갓으로 할 수 있어. 쑥갓은 깨끗이 씻은 뒤 끓는 물에 줄기부터 넣어 살짝 데쳐. 찬물에 헹구고 물기를 꼭 짜서 먹기 좋게 자르고 두부랑 양념하면 돼.

단무지무침
두부브로콜리무침

도토리묵무침

재료

도토리묵 1모(400g), 양파 $\frac{1}{4}$개, 오이 $\frac{1}{4}$개, 홍고추, 풋고추 각 1개, 쪽파 2대, 쑥갓 1줌

양념장 진간장 2큰술, 들기름 1$\frac{1}{2}$큰술, 고춧가루 $\frac{1}{2}$큰술, 설탕 $\frac{1}{2}$큰술, 다진 마늘 $\frac{1}{2}$큰술, 식초 $\frac{1}{2}$큰술, 통깨 $\frac{1}{2}$큰술

레시피

❶ 묵은 1cm 두께로 네모지게 썬다.

❷ 양파는 채 썰고, 오이, 홍고추, 풋고추는 어슷 썬다. 쪽파는 3cm 길이로 썰고, 쑥갓은 잎만 떼어 준비한다.

❸ 양념장 재료를 섞는다.

❹ 볼에 묵, 준비한 채소, 양념장을 넣고 무친다.

막례쓰 팁 양념장 만들 때 달래를 넣으면 향긋하고 더 맛있어.

도라지무침

재료

손질한 도라지 1근(400g), 오이 1개, 미나리 1줌, 쑥갓 1줌, 홍고추, 풋고추 각 $\frac{1}{2}$개, 소금(천일염) $\frac{1}{2}$큰술

양념 고운고춧가루 4큰술, 설탕 3큰술, 다진 마늘 2큰술, 진간장 3큰술, 식초 5큰술, 참기름 2큰술, 통깨 1큰술, 소금 한 꼬집, 후춧가루 한 꼬집

레시피

❶ 도라지는 물에 담그고 소금을 뿌려 함께 비벼 씻는다. 바락바락 문대.

❷ 오이는 채 썰고, 미나리, 쑥갓, 도라지는 5cm 길이로 썬다. 홍고추, 풋고추는 어슷 썬다.

❸ 볼에 도라지, 준비한 채소, 양념을 넣고 무친다.

막례쓰 팁 더덕무침을 해도 양념은 똑같아. 더덕은 먼저 다져야 프라이팬에 물이 안 생겨. 더덕을 약간 두드려서 프라이팬에 살짝 굽는다. 밤도 납작하게 썰어서 같이 무쳐. 그러면 꼭 밤만 주워 먹는 사람 있어. 유라는 밤만 주워 먹어.

도토리묵무침
도라지무침

감자채볶음

재료

감자 5개, 양파 $\frac{1}{4}$개, 소금 2큰술, 식용유 3큰술, 다진 마늘 2작은술, 참기름 1큰술

레시피

❶ 감자는 껍질을 벗긴 후 끓는 물에 10초 정도 살짝 데친다.

❷ 데친 감자, 양파는 채 썬다. 채 썬 감자에 소금 1큰술을 넣고 버무린다.

❸ 달군 팬에 식용유를 두르고 다진 마늘을 넣고 볶다가 감자를 넣어 볶는다.

❹ 감자가 어느 정도 익으면 양파를 넣고 볶는다.

❺ 소금 1큰술로 간하고, 참기름을 두른다.

막례쓰 팁 감자는 볶기 전에 소금에 살짝 절여야 잘 안 부서진다.

감자조림

재료

알감자 1kg, 물 1컵, 진간장 5큰술, 식용유 3큰술, 조청 3큰술

레시피

❶ 알감자는 껍질째 깨끗이 씻는다.

❷ 냄비에 알감자, 물, 진간장을 넣고 삶는다. 감자가 익었는지는 젓가락으로 찔러보면 돼.

❸ 팬에 식용유를 두른 후 알감자, 조청을 넣고 약불에서 저으며 졸인다. 명심해. 졸일 때는 물 안 들어가.

막례쓰 팁 알감자로 해도 되고 그냥 감자 쪼개갖고 해도 되고. 식용유는 윤기 나게, 조청은 색깔 잘 나오라고 넣는 거야.

감자채볶음
감자조림

당신이 여태 먹은 찐감자는 진짜 감자 맛이 아니었다

내가 감자 찌는 스타일이 다르지. 나보고 감자 특이하게 찐다 하더라고.
진짜 앉은 자리에서 끝도 없이 먹게 될 거야.
밤같이 포슬포슬하고 포근포근하게 찌거든.
또 한바탕 먹게 생겼다.

일단 감자(보통 크기)를 8개 정도 깎고 소금 $\frac{1}{2}$큰술, 설탕 2큰술 정도 넣어.
달고 짜고 해야 간이 딱 맞아 맛있어. 감자에 잘 묻도록 손으로 골고루 문대.
물은 감자 반쯤 잠기게 넣는다. 뚜껑을 닫고 찌면 돼.
감자는 찔러보고 익었으면 물을 따라 버려.
그리고 다시 불을 올려. 그러면 감자 분이 나오기 시작해.
불은 중불로 두고 봐갖고 푸근푸근해지면 끄면 돼.

편들아, 이거 한 번 먹으면 느그 중독이다.
감자는 식으면 맛이 없잖아. 그런데 이 방법은 식어도 맛있어.
내일 먹어도 맛있어.
쪄 먹어봐. 할머니 가르쳐줘서 감사해요, 할 거다.

가지볶음

재료

가지 2개, 쪽파 4대, 홍고추, 풋고추 각 $\frac{1}{2}$개, 양파 $\frac{1}{2}$개, 다진 마늘 1큰술, 들기름 2큰술, 식용유 4큰술

양념 고춧가루 1$\frac{1}{2}$큰술, 진간장 2큰술, 통깨 1큰술

레시피

❶ 길게 4등분한 가지와 쪽파는 3cm 길이로 썰고, 홍고추, 풋고추는 어슷 썬다. 양파는 채 썬다.

❷ 달군 팬에 다진 마늘, 들기름, 양파를 넣고 볶는다.

❸ 식용유를 넣은 뒤 나머지 채소를 넣고 볶는다.

❹ 고춧가루, 진간장을 넣어 볶다가 통깨를 뿌린다.

고사리볶음

재료

삶은 고사리 1근(400g), 물 1컵, 쪽파 3대, 양파 $\frac{1}{4}$개, 당근 $\frac{1}{4}$개, 홍고추, 풋고추 각 $\frac{1}{2}$개, 참기름 1큰술, 식용유 4큰술

양념 다진 마늘 1큰술, 진간장 4큰술, 통깨 1큰술

레시피

❶ 삶은 고사리를 세 토막으로 먹기 좋게 잘라 냄비에 넣고 물을 부어 한 번 끓인다. 체로 걸러 찬물에 헹군 뒤 물기를 꼭 짠다.

❷ 쪽파는 송송 썰고, 양파, 당근은 채 썬다. 홍고추, 풋고추는 어슷 썬다.

❸ 달군 팬에 참기름과 식용유를 두르고 고사리, 준비한 채소를 넣어 볶는다.

❹ 다진 마늘, 진간장을 넣고 볶다가 통깨를 뿌린다.

막례쓰 팁 살 때부터 삶은 고사리를 사. 마른 거 사서 언제 불리고 하겠어. 한 시간은 불려야 돼.

가지볶음
고사리볶음

소시지야채볶음

재료

비엔나소시지 2봉지(180g), 양파 $\frac{1}{4}$개, 느타리버섯 1줌, 대파 1대, 홍고추, 풋고추 각 1개, 식용유 3큰술, 진간장 1큰술, 케첩 3큰술, 들기름 1큰술, 설탕 $1\frac{1}{2}$큰술

레시피

❶ 양파는 채 썰고, 느타리버섯은 먹기 좋게 세로로 찢는다. 대파는 반으로 갈라 3cm 길이로 썰고 홍고추, 풋고추는 어슷 썬다.

❷ 달군 팬에 식용유를 두른 후 소시지를 넣고 볶는다.

❸ 진간장, 케첩, 들기름을 넣고 볶다가 준비한 채소를 넣고 섞는다.

❹ 설탕을 넣고 살짝 볶는다.

꽈리고추멸치볶음

재료

중멸치(400g), 꽈리고추 1봉지(200g), 홍고추 2개, 식용유 8큰술, 통깨 1큰술

멸치 양념 다진 마늘 2큰술, 진간장 1큰술, 소주 2큰술, 참기름 8큰술, 요리당 6큰술

꽈리고추 양념 소금 $\frac{1}{2}$큰술, 다진 마늘 2큰술, 진간장 1큰술, 참기름 1큰술

레시피

❶ 꽈리고추는 깨끗이 씻어 꼭지를 따고 포크로 콕콕 찔러 구멍을 낸다. 홍고추는 어슷 썬다.

❷ 달군 팬에 기름 없이 멸치와 꽈리고추를 각각 볶은 뒤 그릇에 덜어 한 김 식힌다.

❸ 달군 팬에 식용유 4큰술을 두르고 멸치 양념을 넣고 센 불로 팔팔 끓인 다음, 멸치를 넣고 고루 볶은 뒤 불을 꺼둔다.

❹ 다른 팬에 식용유 4큰술을 두르고 꽈리고추 양념을 넣고 센 불로 끓인 뒤 꽈리고추를 넣고 고루 볶는다.

❺ 볶아둔 멸치와 홍고추를 넣고 함께 볶은 뒤 통깨를 뿌린다.

막례쓰 팁

멸치랑 꽈리고추랑 따로 볶는 게 팁이야. 같이 볶으면 볼품이 없고
꽈리고추 색도 변해. 꽈리고추는 너무 길면 반으로 갈라서 써.
반으로 가르면 더 매워지긴 해.

소시지야채볶음
꽈리고추멸치볶음

매일매일 반찬을 새로 준비하는 할머니 식당에서는 귀한 반찬! 장조림처럼 오래 두고 먹을 반찬은 의외로 보기 힘들다. 메추리알을 좋아하는 나는 한 국자 푹 떠서 밥 한 그릇 뚝딱.

재료

장조림용 소고기 1근(600g)
삶은 메추리알 500g
통마늘 1컵
홍고추 1개

소고기 삶기

양파 $\frac{1}{4}$개
생강 1개

장조림 양념

청양고추 3개
풋고추 2개
생강 $\frac{1}{2}$개
진간장 8큰술
소주 1컵

레시피

❶ 소고기는 먼저 끓는 물에 2분 정도 삶아 핏물을 제거한다. 이 물은 버린다.

❷ 냄비에 소고기, 양파, 생강을 넣고 푹 담길 정도로의 물을 넣어 센 불에 5분 정도 끓이다가 중불 이하로 20분 이상 삶는다. 잡내 제거하는 거지.

❸ 잘 익은 고기를 체로 건져 식힌 다음 먹기 좋게 결대로 찢는다. 양파, 생강도 건진다.

❹ 고기 삶은 물이 담긴 냄비에 장조림 양념 재료를 넣고 끓인다.

❺ 한소끔 끓으면 삶은 메추리알, 통마늘, 찢어둔 고기를 넣는다. 마늘 일찍 넣으면 뭉그러져 버리니까 나중에 넣어. 그래야 마늘이 뚜렷뚜렷하지.

❻ 30분간 센 불에서 약불로 조절하며 졸인다.

❼ 불을 끄고 홍고추를 어슷 썰어 넣는다.

유라

장조림용은 어떤 부위를 사?

막례쓰

장조림 한다고 하면 줘. 주는 걸로 사와.

막례쓰 팁

표고버섯이 있으면 물에 불렸다가 그 물로 고기를 삶으면 맛있어. 고기 삶을 때 젓가락으로 찔러봐서 푹 들어가면 다 익은 거야. 그때 불린 표고버섯을 넣고 3분 정도 같이 삶았다가 고기랑 같이 찢어서 양념에 졸이면 쫄깃쫄깃 맛있지.

소고기장조림

돼지고기애호박볶음

할머니의 여름 시그니처 고기반찬. 돼지고기를 생으로 굽거나 고추장 양념에 볶아 먹는 게 지겹다면, 이게 최고다. 돼지고기랑 애호박을 송송 썰어 빠르게 볶아 밥에 얹어 덮밥처럼 먹는다.

재료

돼지고기 목살 300g
애호박 1개
양파 $\frac{1}{2}$개
홍고추, 풋고추 각 1개
쪽파 3대
식용유 3큰술
참기름 2큰술
통깨 1큰술

양념장

다진 마늘 3큰술
진간장 2큰술
설탕 2큰술
소주 $1\frac{1}{2}$큰술

레시피

❶ 돼지고기는 가늘게 썬다. 애호박, 양파는 길게 채 썬다. 홍고추, 풋고추는 어슷 썰고, 쪽파는 3cm 길이로 썬다.

❷ 양념장 재료를 섞는다.

❸ 달군 팬에 식용유를 두르고 목살을 먼저 볶다가 양념장을 넣고 볶는다.

❹ 고기가 어느 정도 익으면 채소를 넣어 볶는다.

❺ 참기름을 두르고 통깨를 뿌린다.

박렌쓰 팁 목살도 애호박도 면처럼 길게 썰어줘. 집어 먹기 좋아.

애호박전
표고버섯전

애호박전

재료

애호박 $\frac{1}{2}$개, 홍고추, 풋고추 각 $\frac{1}{2}$개, 소금 $\frac{1}{2}$작은술, 식용유 2큰술

반죽 밀가루 3큰술, 계란 1개, 소금 한 꼬집

레시피

❶ 애호박은 동그란 모양을 살려 썬 뒤 소금으로 밑간해 10분 정도 두었다가 물기를 닦는다. 홍고추, 풋고추는 어슷 썬다.

❷ 볼에 반죽 재료를 넣어 고루 섞은 뒤 애호박을 넣고 뒤섞는다.

❸ 달군 팬에 식용유를 두른 뒤 반죽을 묻힌 애호박을 올려 부친다.

❹ 애호박 위에 장식으로 홍고추, 풋고추를 하나씩 올린다. 쑥갓 잎을 올려도 예뻐.

❺ 뒷면이 익으면 뒤집어 부친다.

막례쓰 팁 애호박전, 표고버섯전을 부칠 때는 반죽에 물 안 넣어.

표고버섯전

재료

표고버섯 12개, 홍고추, 풋고추 각 $\frac{1}{2}$개, 식용유 2큰술

반죽 밀가루 3큰술, 계란 2개, 다진 마늘 $\frac{1}{2}$큰술, 참기름 1큰술, 진간장 1작은술, 소금 한 꼬집

레시피

❶ 표고버섯은 동그란 모양 그대로 기둥만 잘라서 쓴다. 뜨거운 물에 살짝 데친 뒤 물기를 닦는다. 홍고추, 풋고추는 어슷 썬다.

❷ 볼에 반죽 재료를 넣어 고루 섞은 뒤 표고버섯을 넣고 뒤섞는다.

❸ 달군 팬에 식용유를 두른 뒤 표고버섯을 올려 부친다.

❹ 표고버섯 위에 홍고추, 풋고추를 하나씩 올린다.

❺ 뒷면이 익으면 뒤집어 부친다.

막례쓰 팁 마른 표고버섯은 물에 미리 불려서 준비해. 표고버섯을 부칠 때는 가운데 부분을 한 번 꾹 눌러준다. 잘 익으라고.

어린 시절 좋아했던 음식

할머니 어렸을 때 좋아한 반찬이 어디가 있어.
김치나 좋았지.

우리 때는 소시지도 없었으니까. 젤로 잘해준다고 하면 계란이었어.
어렸을 때 우리 집에서 닭, 돼지, 소 키웠어.
돼지, 소는 팔았지. 닭은 맘대로 잡아먹고.
아침마다 계란 주워서 인자 반찬 해서 먹고. 남으면 장날 가서 팔고 그랬지.

내 생일이라고 특별히 먹었던 것도 없지.
아버지 생일 쇨 때는 다 했어. 미역국도 하고 떡도 하고 시집간 언니들도 다 와서 요리하고. 엄마 생일은 여자라고 또 안 쇠주드라고. 그러다가 우리 엄마 환갑 넘어가고 나서야 자식들이 엄마 생일 쇠주었지. 그 안엔 쇤 적이 없어.
특별히 먹고 싶은 것도 없었지만
몰라서도 못 먹는 시절이었어.

김치전
감자전

김치전

재료

김치 $\frac{1}{4}$포기, 양파 $\frac{1}{2}$개, 쪽파 9대, 홍고추, 풋고추 각 1개, 식용유 2큰술

반죽 밀가루 3컵, 물 3컵, 계란 1개

레시피

❶ 김치, 양파, 쪽파, 홍고추, 풋고추는 잘게 썬다. 김치는 송송 썰어서 해도 되고, 그대로 길게 해도 돼.

❷ 볼에 반죽 재료를 넣고 섞은 뒤 준비한 김치와 채소를 넣어 섞는다. 김치 양념에 따라 간은 소금 넣거나 해.

❸ 달군 팬에 식용유를 두르고 반죽을 부어 부친다. 전 테두리는 주걱으로 모양 잘 잡아줘.

막례쓰팁 반죽에 계란은 들어가도 되고 안 들어가도 돼.

감자전

재료

감자 3개, 양파 $\frac{1}{4}$개, 쪽파 5대, 홍고추, 풋고추 각 1개, 소금 $\frac{1}{2}$작은술, 식용유 2큰술

양념장 다진 쪽파 5대 분량, 다진 홍고추, 풋고추 각 $\frac{1}{2}$개 분량, 고운고춧가루 $\frac{1}{2}$큰술, 다진마늘 $\frac{1}{2}$큰술, 진간장 6큰술, 참기름 1큰술

레시피

❶ 감자를 강판에 갈고 면포에 담아 물기를 짠 뒤 소금으로 간을 한다.

❷ 양파는 채 썰고, 쪽파는 잘게 다진다. 홍고추, 풋고추는 반으로 길게 가른 뒤 가늘게 썬다.

❸ 볼에 갈은 감자, 양파, 쪽파, 홍고추, 풋고추를 넣고 고루 섞는다.

❹ 달군 팬에 식용유를 두른 뒤 감자 반죽을 얇게 부어 부친다.

❺ 양념장 재료를 섞어 곁들인다.

막례쓰팁 감자를 갈면 물기를 꼭 빼야 돼. 그래야 반죽이 시커멓지 않지.

Parkmakrecipe

지친 하루에 따뜻한 기운을

국물 요리

김치콩나물국

바깥에서 먹는 기름지고 느끼한 음식에 질려버렸을 때, 할머니가 김치 대충 송송 썰어 끓여준 시원한 김치콩나물국 한 사발이 간절해진다. 무거운 찌개 말고 시원한 국이랑 한 끼 후루룩 먹고 싶다면 추천!

재료

묵은지 $\frac{1}{4}$포기
콩나물 $\frac{1}{2}$봉지(100g)
소금 $\frac{1}{2}$작은술

육수

물 4$\frac{1}{2}$컵
왕멸치 $\frac{1}{2}$줌

레시피

❶ 묵은지는 송송 썰고, 콩나물은 지저분한 끝부분을 다듬는다.

❷ 냄비에 물, 왕멸치를 넣고 10분 정도 끓인다. 육수가 우러나면 왕멸치를 체로 건져낸다.

❸ 준비한 김치와 콩나물을 넣고 한소끔 끓인다.

❹ 소금으로 간을 맞춘다.

막례쓰 팁

김치만 맛있으면 끝이야. 내 김치는 3년 넘었어요.
작년에는 손자만 담가주고 우리 집은 김시 안 했어.
20포기 해줬는데 그 정도는 나한테는 소꿉장난이지.

소고기미역국

우리 식구 누군가의 생일이면 할머니의 고소한 소고기미역국을 맛본다. 사골국보다 더 구수하고 깊은 할머니의 소고기미역국.

재료

국거리용 소고기 240g
자른 미역 4줌
들기름 3큰술
다진 마늘 2큰술
물 9컵
국간장 7큰술

레시피

❶ 미역은 30분 정도 물에 불린다.

❷ 냄비에 소고기, 불린 미역, 들기름, 다진 마늘을 넣고 볶는다.

❸ 물, 국간장을 넣고 센 불로 한소끔 끓인 뒤 중불 이하로 30분 이상 끓인다. 미역국은 오래 끓일수록 맛있다. 싱거우면 소금으로 간 맞추고.

막례쓰 팁 여기서 미역 대신 무 넣고 볶다가 똑같이 물 붓고 끓이면 소고기뭇국이야.

아욱된장국

할머니 쌈밥집에서 기본으로 나가던 국. 건더기라고는 부드러운 아욱과 된장 속 큼지막한 콩만 있는데도 어찌나 맛있었는지 손님들의 리필 요청이 끊이질 않았다. 흰 쌀밥을 말아서 김치랑만 먹어도 잘 먹었다 소리가 절로 나온다.

재료

아욱 200g

콩나물 $\frac{1}{2}$봉지(100g)

쪽파 10대

청양고추 2개

홍고추 1개

된장 3큰술

다진 마늘 1큰술

고춧가루 $\frac{1}{2}$큰술

소금 한 꼬집

육수

물 10컵

다시마 5장

왕멸치 2줌

레시피

❶ 냄비에 육수 재료를 넣고 15분 정도 끓인다.

❷ 아욱은 호박잎 벗기듯이 줄기의 껍질을 벗긴다. 콩나물은 지저분한 끝부분을 다듬는다.

❸ 쪽파는 3cm 길이로 썰고, 청양고추, 홍고추는 어슷 썬다.

❹ 육수가 우러나면 육수 재료는 체로 건지고 된장을 풀어준다.

❺ 아욱, 콩나물, 쪽파, 청양고추, 홍고추를 넣는다.

❻ 다진 마늘, 고춧가루를 넣고 소금으로 간을 맞춘다.

막례쓰 팁

육수 끓일 때 쌀뜨물을 쓰면 훨씬 맛있다. 아욱이 없다면 감자된장국으로 해. 멸치 육수에 된장 연하게 풀고 감자 넣어서 만들어 먹어.

돼지고기김치찌개

김치찌개에 김치만 가득하면 손님들이 서운해하니까, 고기도 큼지막하게 아낌없이 썰어 넣어주던 할머니. 고기만 쏙 골라 퍼가도 고기가 계속 나오던 할머니의 돼지고기김치찌개.

재료

삼겹살 150g

묵은지 $\frac{1}{4}$포기

양파 $\frac{1}{2}$개

두부 $\frac{1}{2}$모(250g)

대파 파란 부분 $\frac{1}{2}$개

홍고추 1개

물 4컵

소금 $\frac{1}{3}$큰술

다진 마늘 1작은술

후춧가루 한 꼬집

레시피

❶ 삼겹살은 큼직하게, 묵은지는 먹기 좋은 크기로 썬다.

❷ 양파는 두툼하게 채 썰고, 두부는 네모지게, 대파, 홍고추는 어슷 썬다.

❸ 냄비에 묵은지, 양파, 물을 넣고 뚜껑을 덮어 10분 정도 끓인다.

❹ 묵은지가 푹 익으면 소금, 다진 마늘, 삼겹살, 대파, 홍고추를 넣는다.

❺ 삼겹살이 익으면 후춧가루, 두부를 넣고 한소끔 끓인다.

박렌쓰 팁

김치랑 재료 넣어서 싹 끓인 다음에 식구들 다 모였을 때 마지막으로 고기를 넣는다. 그래야 기름이 뜨지 않고 먹는 게 느끼하지 않어. 삼겹살 대신 참치 넣을 때는 캔에 있는 국물까지 싹 다 너.

순두부찌개

밥 없이도 먹을 수 있을 만큼 맛있는 순두부찌개. 얼큰한 양념과 고소하고 부드러운 순두부의 조화, 고슬고슬한 밥에 비비면 이게 밥인지 순두부인지 알 수 없을 만큼 부드럽다.

재료

순두부 2봉지(700g)

해감 바지락 10개(1팩)

양파 $\frac{1}{4}$개

쪽파 6대

홍고추, 풋고추 각 $\frac{1}{2}$개

계란 1개

고추기름 1큰술

물 1컵

후춧가루 한 꼬집

양념

고춧가루 1큰술

다진 마늘 1큰술

양조간장 $1\frac{1}{2}$큰술

참기름 1큰술

새우젓 2작은술(국물 조금)

레시피

❶ 해감이 된 바지락은 물에 깨끗이 씻는다.

❷ 양파는 채 썰고, 쪽파는 3cm 길이로 썰고, 홍고추, 풋고추는 어슷 썬다.

❸ 냄비에 물을 붓고 양념과 손질한 채소를 넣고 끓인다.

❹ 물이 끓기 시작하면 바지락을 넣는다.

❺ 한 번 더 끓으면 순두부와 고추기름을 넣는다.

❻ 계란을 톡 깨서 올리고 불을 끈 뒤 후춧가루를 살짝 뿌린다. 계란은 취향에 따라 넣어도 되고 안 넣어도 돼.

계절 따라 생각나는 음식

봄 하면 생각나는 것은 생조기찜.

봄에 고사리 나올 때 고사리 넣고 생조기찜 해 먹으면 진짜 맛있어.

옛날에 엄마가 해주는 요리 중에 최고 맛있었어.

간장, 고춧가루 넣고. 고춧가루는 많이 넣으면 안 돼, 고사리 들어가서.

물 대신 쌀뜨물로 넣어봐.

똑같은 김치찌개를 끓이더라도 훨씬 맛있어.

배추우거짓국을 끓여도 된장으로 조물조물 해갖고 쌀뜨물 넣고 끓이면 맛있어.

여름은 과일이지.

가을에는 간장게장.

겨울에는 고구마랑 김장 김치.

겨울에 뭐가 나오겠어. 있는 거 먹어야지.

된장찌개

빈손으로 시작한 식당을 일으켜 세워준 아주 간단하지만 정말 맛있는 박막례 된장찌개. 고기 없이도 맛 좋은 찌개의 비결은 손맛 아니면 된장 맛일 거라 생각했는데, 할머니가 꼭 미원도 넣으라고 했다.

재료

애호박 $\frac{1}{2}$개
감자 $\frac{1}{2}$개
양파 $\frac{1}{4}$개
두부 $\frac{1}{4}$모(100g)
무 $\frac{1}{6}$개
홍고추, 풋고추 각 1개
쪽파 6대
된장 3큰술
다진 마늘 $\frac{1}{2}$큰술
고춧가루 $\frac{1}{2}$큰술

육수

물 4컵
왕멸치 1줌
표고버섯 2개

레시피

❶ 냄비에 육수 재료를 넣고 10분 정도 끓인다.

❷ 애호박, 감자, 양파, 두부는 깍둑 썬다. 무는 나박나박 썰고, 홍고추, 풋고추는 어슷 썬다. 쪽파는 3cm 길이로 썬다.

❸ 육수가 끓으면 육수 재료를 체로 건지고 된장을 푼 뒤 다진 마늘, 고춧가루를 넣는다.

❹ 준비한 채소를 넣고 어느 정도 익으면 두부를 넣고 한소끔 끓인다.

생태찌개

생태찌개를 돈 주고 사 먹는 일이 생길 줄이야……. 할머니의 생태찌개를 먹고 난 뒤부터 겨울이면 종종 생태찌개가 먹고 싶어 식당을 헤매는 나를 발견한다.

재료

손질한 생태 혹은 동태 1마리
미더덕 1줌
무 $\frac{1}{4}$개
두부 $\frac{1}{4}$모(100g)
미나리 1줌
쑥갓 1줌
홍고추 $\frac{1}{2}$개

육수

물 8컵
다시마 5장
왕멸치 2줌
양파 껍질 1줌

양념

고춧가루 1$\frac{1}{2}$큰술
다진 마늘 2큰술
국간장 4큰술
후춧가루 한 꼬집

레시피

❶ 냄비에 육수 재료를 넣고 20분간 끓인 뒤 육수 재료는 체로 건져 낸다.

❷ 무, 두부는 네모지게 썬다. 미나리, 쑥갓도 먹기 적당한 크기로 썬다. 홍고추는 어슷 썬다.

❸ 냄비에 생태, 미더덕, 무, 양념을 넣고 끓인다.

❹ 미나리, 쑥갓, 홍고추를 넣고 한 숨 죽으면 두부를 넣고 한소끔 끓인다.

막례쓰 팁 미나리는 꼭 넣어라. 국물이 시원해져.

부대찌개

배달 메뉴 속 부대찌개는 왜 2인분만 파는 걸까? 1인 가구인 나는 선뜻 주문하기가 어렵다. 그렇지만 할머니가 끓여준 부대찌개라면 예외다. 언제든 혼자 2인분을 거뜬히 먹을 수 있었던 할머니의 부대찌개.

재료

부대찌개용 햄(빅그릴프랑크 2개, 분홍소시지 $\frac{1}{2}$개(80g), 스팸 $\frac{1}{2}$개(170g))

김치 $\frac{1}{4}$포기

쪽파 6대

양파 $\frac{1}{2}$개

표고버섯 1개

느타리버섯 1줌

간 돼지고기 100g

떡국용 떡 100g

소금 $\frac{1}{2}$큰술

양념

물 5$\frac{1}{2}$컵

고춧가루 2큰술

다진 마늘 1$\frac{1}{2}$큰술

국간장 2큰술

레시피

❶ 부대찌개용 햄을 먹기 좋게, 쪽파는 3cm 길이로 썰고, 양파와 김치는 채 썬다.

❷ 표고버섯은 기둥을 떼고 가늘게 썰고, 느타리버섯은 길게 찢는다.

❸ 냄비에 양념 재료를 넣어 끓이다가 부대찌개용 햄, 김치, 쪽파, 양파, 간 돼지고기를 넣는다.

❹ 찌개가 끓으면 떡을 넣고 한 번 더 끓인다.

❺ 표고버섯, 느타리버섯을 넣는다.

❻ 소금으로 간을 맞춘다.

떡국

우리 할머니가 끓여준 떡국 속 떡은 늘 질펀하게 불어 있었다. 어렸을 땐 떡이 왜 이렇게 불었는지 알 수 없었는데 나이가 들면서 보이기 시작했다. 명절 때마다 혼자 가스 불 네 개를 돌리며 잡채를 버무리고 갈비찜을 끓이던 우리 할머니. 사골국에 떡이 불어 터질 때까지 할머니는 떡국을 끓일 수밖에 없었다. 나는 우리 할머니의 떡국이 세상에서 제일 맛있다.

재료

떡국용 떡 400g
소고기 국거리 150g
물 10컵
쪽파 2대
홍피망 $\frac{1}{4}$개
계란 2개
식용유 3큰술
국간장 2큰술
참기름 1큰술

소고기 잡내 제거

대파 하얀 부분 $\frac{1}{2}$대
소주 $\frac{1}{2}$컵
물 4컵

고기 양념

국간장 1큰술
다진 마늘 2작은술
후춧가루 한 꼬집

레시피

❶ 잡내 제거를 위해 냄비에 소고기, 대파, 소주를 넣고 잠길 정도로 물을 붓는다. 센 불에 한 번 끓인 뒤 대파는 건져내고 물은 그대로 버린다.

❷ 물 10컵을 새로 붓고 30분 정도 중불에서 소고기를 삶는다. 불을 끄고 소고기를 건진 뒤 고기 삶은 물은 떡국 육수용으로 6컵 정도 준비한다.

❸ 쪽파는 송송 썰고, 홍피망은 길게 채 썬다. 볼에 계란 노른자만 넣고 푼다.

❹ 달군 팬에 식용유를 두르고 계란을 얇게 부친 뒤 잘게 썰어 지단을 만든다.

❺ 삶은 고기에 고기 양념을 넣고 버무린다.

❻ 냄비에 고기 삶은 육수, 고기를 넣고 한소끔 끓으면 떡을 넣는다.

❼ 국간장으로 간을 맞추고 참기름을 두른다.

❽ 그릇에 담고 지단, 쪽파, 홍피망을 고명으로 올린다.

빅레쓰팁 떡국 끓일 때 소고기 삶은 물은 버리지 말고 육수로 써.

황탯국

이 국을 먹을 때마다 "할머니 북엇국이 너무 맛있다"라고 하면 할머니는 꼭 "이건 황탯국이야"라고 정정해준다. 사실 북엇국과 황탯국의 차이점을 아직도 모른다. 맛있다는 것만 안다.

재료

황태 3줌
무 $\frac{1}{4}$개
쪽파 4개
대파 $\frac{1}{3}$대
홍고추 $\frac{1}{2}$개
참기름 2큰술
다진 마늘 2작은술
국간장 2큰술
물 5컵
소금 한 꼬집
계란 1개

레시피

❶ 황태는 가위로 작게 자르고, 물에 한 번 적신다. 무는 나박나박, 쪽파는 3cm 길이로, 대파는 송송, 홍고추는 어슷 썬다. 황태는 불리면 맛있는 물 다 빠져.

❷ 달군 냄비에 참기름을 두르고 황태, 무, 다진 마늘, 국간장을 넣고 달달 볶는다.

❸ 물을 넣고 국물이 뽀얗게 우러날 때까지 끓인다.

❹ 소금으로 간을 맞춘다.

❺ 계란을 풀어 넣고 쪽파, 대파, 홍고추를 넣어 한소끔 끓인다.

Parkmakrecipe

맛있으니까 그냥 다 먹어라, 막레쓰

비장의 요리

잡채

어느 날인가 할머니 식당에 갔더니 대야 가득 잡채 산이 쌓여 있었다. 그날 밥 대신 밥그릇에 잡채를 쌓아 올려 몇 번이나 먹었던 기억. 밥 없이 먹어도 맛과 포만감을 모두 충족시켜 주는, 간이 딱 맞는 우리 할머니의 잡채!

재료

당면 1봉지(300g)
당근 $\frac{1}{2}$개
양파 1개
홍피망, 청피망 각 $\frac{1}{2}$개
시금치 $\frac{1}{2}$단
식용유 4큰술
다진 마늘 1큰술
양조간장 1큰술
통깨 2큰술

시금치 양념

소금 $\frac{1}{2}$작은술
다진 마늘 $1\frac{1}{2}$작은술
진간장 2작은술
참기름 2작은술
통깨 1작은술

잡채 양념

설탕 3큰술
다진 마늘 1작은술
진간장 3작은술
참기름 3큰술
후춧가루 한꼬집

레시피

❶ 당면은 물에 불린다. 당면은 물에 담갔다가 삶아야 안 불어. 다음 날 잡채 먹으면 부서져 앵겨 붙잖아. 담가놨다가 삶으면 안 부서져.

❷ 당근, 양파, 홍피망, 청피망은 채 썬다.

❸ 끓는 물에 시금치를 살짝 데친 후 시금치 양념을 넣고 무친다. 시금치는 시금치무침 할 때랑 같아. 한여름에 시금치 없을 때는 부추로 하고.

❹ 불린 당면은 끓는 물에 넣어 5분 정도 삶은 후 건진다.

❺ 달군 팬에 식용유를 두른 뒤 당근, 양파, 다진 마늘, 양조간장을 넣고 볶는다.

❻ 채소 숨이 죽었을 때 피망을 넣고 살짝 볶는다.

❼ 볼에 삶은 당면, 볶은 채소, 잡채 양념을 넣고 버무린다.

❽ 시금치를 넣고 버무린 뒤 통깨를 뿌린다.

막례쓰 팁

삶은 당면을 찬물에 헹구면 안 돼. 씻으면 큰일 나. 찬물에 닿으면 다 부서져버려. 구녕바구리에 건져놓구 뜨거운 상태에서 양념 넣어 비벼야 하니까 목장갑을 끼고 그 위에 비닐장갑 끼고 해.

두부김치

할머니 식당 손님들에겐 최고의 안주이지만, 술을 잘 못 먹는 나에게 두부김치는 맛있는 식사 한 끼다. 두부는 다이어트에도 좋다고.

재료

돼지고기(목살, 앞다리살) 300g
묵은지 $\frac{1}{4}$포기
양파 $\frac{1}{2}$개
쪽파 8대
홍고추 1개
청양고추 1개
두부 1모(500g)
식용유 1큰술

양념

설탕 $1\frac{1}{2}$큰술
다진 마늘 $1\frac{1}{2}$큰술
진간장 2큰술
참기름 2큰술

레시피

❶ 돼지고기, 묵은지는 잘게 썬다. 양파는 채 썰고, 쪽파는 3cm 길이로 썬다. 홍고추, 청양고추는 어슷 썬다.

❷ 달군 팬에 식용유를 두르고 돼지고기를 볶다가 고기가 익으면 손질한 채소, 양념을 넣고 볶는다.

❸ 두부는 끓는 물에 살짝 데쳐서 1cm 두께로 네모지게 썬다.

❹ 접시에 돼지고기김치볶음과 두부를 담아낸다.

돼지고기보쌈

나는 보쌈에 얽힌 안 좋은 추억이 있다. 우리 집에서 보쌈을 먹는 날이란 김장 날인데, 보쌈을 먹기 전에 나는 꼭 할머니에게 한소리를 들었기 때문이다. "김장은 하나도 안 돕고 보쌈 먹을 때만 나타나. 이 염병할 가시내!"

재료

돼지고기(삼겹살, 목살 섞어서) 1근(600g), 배추 1포기, 무말랭이 200g, 쪽파 6대, 풋고추 1개, 배 $\frac{1}{2}$개, 각종 쌈채소

고기 삶는 재료

무 $\frac{1}{5}$개, 양파 껍질째 $\frac{1}{2}$개, 생강 3개, 표고버섯 2개, 대파 뿌리째 1대, 청양고추 3개, 원두커피 $\frac{1}{2}$큰술, 진간장 5큰술, 소주 7큰술, 된장 3큰술, 물 7컵

배추 절임 재료

설탕 2큰술, 소금(천일염) $\frac{1}{2}$컵, 소금물(물 6컵+소금(천일염) 1컵) 6컵

무말랭이 양념

고운고춧가루 6큰술, 굵은고춧가루 4큰술, 다진 마늘 3작은술, 새우젓 4큰술, 매실액 4큰술, 참기름 2큰술

레시피

❶ 냄비에 돼지고기, 고기 삶는 재료를 넣고 잠길 정도로 물을 부어 40분간 삶는다. 집에 약뿌리, 당귀 뿌리, 뽕나무 뿌리도 있으면 넣고 삶아.

❷ 배추는 밑동과 겉잎을 다듬고 반으로 가른다.

❸ 배추에 설탕, 소금을 켜켜이 뿌리고, 소금물을 부어 30분 정도 절인다.

❹ 무말랭이는 물에 담가 30분 정도 불린 후 물기를 꼭 짠다.

❺ 쪽파는 송송 썰고, 풋고추는 어슷 썰고, 배는 채 썬다.

❻ 볼에 무말랭이, 쪽파, 풋고추, 배, 무말랭이 양념을 넣고 무친다.

❼ 돼지고기를 먹기 좋게 썰어 무말랭이, 절임배추, 각종 쌈채소를 곁들인다.

막례쓰 팁

고기는 두꺼워야 맛있으니까 두툼하게 썰어라.

제육볶음

어딜 가나 쉽게 접할 수 있는 요리가 제육볶음이지만 또 집마다 맛이 다른 요리가 제육볶음 아닐까. 그건 요리법보다 만드는 이의 손맛 차이일 수도 있겠다. 나는 박막례 할머니표 제육볶음을 제일 좋아한다.

재료

돼지고기 앞다리살 1근(600g)
당근 $\frac{1}{4}$개
대파 $\frac{1}{4}$대
홍고추, 풋고추 각 $\frac{1}{2}$개
쪽파 4대
통깨 $\frac{1}{2}$큰술

양념

고운고춧가루 4큰술
설탕 2큰술
다진 마늘 1큰술
다진 생강 $\frac{1}{2}$큰술
양조간장 5큰술
소주 2큰술
매실청 2큰술

레시피

❶ 돼지고기를 얇게 썬다.

❷ 당근은 채 썰고, 대파, 홍고추, 풋고추는 어슷 썬다. 쪽파는 3cm 길이로 썬다.

❸ 볼에 돼지고기, 준비한 채소, 양념을 넣고 버무린다.

❹ 달군 팬에 양념한 돼지고기를 넣고 센 불에서 볶은 뒤 통깨를 뿌린다.

닭볶음탕

닭볶음탕이 맛있는가 아닌가는 그 국물을 숟가락을 퍼먹고 있느냐 아니냐의 차이일 것이다. 할머니의 닭볶음탕을 먹을 때면 한 번은 숟가락으로 국물을 퍼먹고, 한 번은 국물에 감자를 비벼 먹고, 마지막에는 국물에 밥을 비벼 먹곤 한다.

재료

닭볶음탕용 닭 1마리
감자 1개
당근 $\frac{1}{2}$개
표고버섯 1개
양파 1개
홍고추, 풋고추 각 1개
대파 5대
물 4컵

양념

고춧가루 4큰술
다진 마늘 2큰술
진간장 4큰술
소주 3큰술

레시피

❶ 잡내 제거를 위해 끓는 물에 닭을 넣고 3분 정도 살짝 데친 후 미지근한 물에 씻는다.

❷ 감자, 당근은 먹기 좋은 크기로 썰어 모서리를 둥글게 깎는다. 표고버섯은 기둥을 떼고 양파와 같이 깍둑 썰고, 홍고추, 풋고추는 어슷 썬다. 대파는 3cm 길이로 썬다.

❸ 냄비에 닭, 준비한 채소, 양념, 물을 넣고 20분 정도 끓인다.

삼겹살김치찜

할머니는 스위스를 가도 삼겹살김치찜을 해 먹었다. 느끼한 치즈 퐁듀보다 더 맛있다고. 어느 식당을 가도 우리 할머니의 김치찜만큼 맛있는 김치찜은 먹어본 적이 없다! 무엇보다 할머니의 묵은지 양념이 일품.

재료

삼겹살 1근(600g)

묵은지 $\frac{1}{2}$포기

김칫국물 2컵

양념장

고춧가루 1큰술

다진 마늘 2큰술

식용유 2큰술

참기름 2큰술

레시피

❶ 양념장 재료를 섞는다.

❷ 삼겹살은 자르지 않은 상태로 냄비에 깐다.

❸ 삼겹살에 양념장을 골고루 얹는다.

❹ 묵은지도 자르지 않은 상태로 삼겹살을 덮는다.

❺ 김칫국물을 붓고 국물이 자작해질 때까지 끓인다. 먹을 때 잘라 먹으면 돼.

소불고기

할머니의 소불고기를 젓가락으로 한가득 집어 흰 쌀밥에 올리면 소고기 한 점이 아니라 서너 점이 딸려 올라왔다. 입 안 가득 소고기를 입에 넣으면 세상 부러울 것이 없다. 맛있는 소불고기. 참고로 이 소불고기에는 할머니 레시피로 만든 열무김치를 곁들여 먹는 것을 추천한다.

재료

불고기용 소고기 1근(600g)

배 $\frac{1}{2}$개

사과 $\frac{1}{2}$개

양파 $\frac{1}{2}$개

당근 $\frac{1}{4}$개

홍고추, 풋고추 각 $\frac{1}{2}$개

표고버섯 1개

느타리버섯 1개

쪽파 3대

통깨 1큰술

양념

설탕 $\frac{1}{2}$작은술

다진 마늘 1큰술

간장 5큰술

참기름 2큰술

후춧가루 한 꼬집

레시피

❶ 믹서에 배, 사과를 넣고 갈아준다.

❷ 볼에 소고기, 양념, 믹서에 간 배, 사과를 넣고 버무린 뒤 30분간 재운다.

❸ 양파, 당근은 채 썰고, 홍고추, 풋고추는 어슷 썬다. 표고버섯은 기둥을 떼고 가늘게 썰고, 느타리버섯은 길게 찢는다. 쪽파는 3cm 길이로 썬다.

❹ 달군 팬에 양념된 고기, 준비한 채소를 넣고 볶는다.

❺ 접시에 담고 통깨를 뿌린다.

막례쓰 팁 불고기용 소고기는 핏물 빼는 거 없어. 옛날처럼 간장 달이고 할 것도 없이 시판 소불고기용 양념으로 해도 돼. 맛있어.

꼬막무침

한 꼬막 두 꼬막 까다 보면 꼬막 껍데기 산이 쌓인다. 우리 할머니의 간장 양념은 뭘 무쳐도 기가 막힌 것 같다.

재료

꼬막 500g

물 3컵

소금(천일염) 1큰술

양념장

다진 쪽파 10대 분량

다진 홍고추, 풋고추 각 1개 분량

진간장 6큰술

고운고춧가루 3큰술

참기름 1큰술

다진 마늘 2작은술

통깨 $\frac{1}{2}$큰술

레시피

❶ 볼에 물, 소금을 넣은 뒤 깨끗히 씻은 꼬막을 넣고 검은 봉지를 씌워 2시간 정도 둔다. 해감이 된 꼬막은 물에 여러 번 헹군다.

❷ 끓는 물에 꼬막을 3분 정도 삶는다. 물이 팔팔 끓을 때 꼬막을 넣으면 입이 쫙 벌어져버려.

❸ 삶은 꼬막은 껍데기를 까서 준비한다. 껍데기를 다 까도 되고 위에만 까서 양념을 얹혀 먹어도 돼.

❹ 양념장 재료를 섞는다.

❺ 꼬막 위에 양념장을 올린다.

나는 유라랑 여기저기 다니면서

평양냉면도 처음 먹어보고 별거 다 먹어봤시야.

양식 같은 거, 요새 젊은 편들이 좋아하는 건 할 줄도 모르지.

그래도 내가 만든 음식을

손님들이나 가족들이 맛있다고 할 때가 기분이 좋아.

인스타에 편들이 할머니 음식 사진 보고 맛있겠다고 하면

일일이 붙들고 내가 알고 있는 걸 다 알려주고 싶은 마음이야.

갈치조림

재료

토막 갈치 1마리, 감자 1개, 양파 $\frac{1}{2}$개, 쪽파 2대, 대파 $\frac{2}{3}$대, 홍고추, 풋고추 각 1개, 쑥갓 1줌

감자양념 물 $2\frac{1}{2}$컵, 간장 1큰술, 소주 2큰술

갈치양념 고춧가루 1큰술, 설탕 $\frac{1}{3}$큰술, 간장 3큰술, 소주 3큰술, 다진 마늘 2작은술, 후춧가루 한 꼬집

레시피

❶ 감자는 4등분으로 썰고, 양파는 채 썬다. 쪽파는 3cm 길이로, 대파, 홍고추, 풋고추는 어슷썬다.

❷ 팬에 감자를 깔고 홍고추, 풋고추, 쑥갓을 넣고 감자 양념을 넣고 뚜껑을 덮어 끓인다.

❸ 감자가 어느 정도 익으면 갈치, 채 썬 양파, 갈치 양념을 넣고 15분간 푹 조린다. 쪽파와 대파를 넣고 한 번 더 끓인다.

막례쓰 팁 감자는 항시 젤 밑에 깔아야 돼.

고등어조림

재료

고등어 $\frac{1}{2}$마리, 무 $\frac{1}{3}$개, 양파 $\frac{1}{4}$개, 쪽파 4대, 홍고추, 풋고추 각 $\frac{1}{2}$개, 통깨 1큰술

육수 다진 마늘 1큰술, 양조간장 5큰술, 소주 3큰술, 물 1컵

양념 고춧가루 7큰술, 설탕 1큰술, 다진 마늘 $1\frac{1}{2}$큰술, 양조간장 3큰술, 소주 1큰술

레시피

❶ 무는 큼직하게 썰고, 양파는 채 썬다. 쪽파는 3cm 길이로 썰고, 홍고추, 풋고추는 어슷 썬다.

❷ 냄비에 무를 깔고 그 위에 고등어를 얹고 육수 재료를 넣고 끓인다.

❸ 무가 반 정도 익으면 양념 재료를 넣고 더 끓인다.

❹ 끓어오르면 양파, 쪽파, 홍고추, 풋고추, 통깨를 넣고 뚜껑을 덮고 약불에서 5분 정도 조린다.

막례쓰 팁 고등어조림에는 묵은지나 우거지를 추가해도 돼. 더 맛있어지지.

갈치조림
고등어조림

Parkmakrecipe

맛의 비결은 내 손맛, 사람 죽이는

김치

겉절이

재료

얼갈이배추 1단, 소금물(물 2컵+소금(천일염) 2큰술) 2컵, 양파 $\frac{1}{2}$개, 당근 $\frac{1}{4}$개, 쪽파 7대, 홍고추 $\frac{1}{2}$개, 풋고추 1개

양념 설탕 1큰술, 굵은고춧가루 3큰술, 다진 마늘 1큰술, 까나리액젓 4큰술, 참기름 2큰술, 통깨 1큰술

레시피

❶ 얼갈이배추는 뿌리와 시든 잎을 잘라내고, 크기에 따라서 반으로 갈라준다.

❷ 깨끗이 씻은 얼갈이배추를 소금물에 30분간 절인다.

❸ 양파, 당근은 채 썰고, 쪽파는 3cm 길이로 썬다. 홍고추, 풋고추는 어슷 썬다.

❹ 절인 얼갈이배추는 물에 헹구고 물기를 뺀다.

❺ 커다란 볼에 준비한 채소, 양념을 넣고 버무린다.

막례쓰팁 나는 심심할 때마다 시장에 가 재료 사와서 겉절이 만들어 먹어요.

오이소박이

재료

오이 8개, 당근 $\frac{1}{4}$개, 부추 1줌, 양파 1개, 소금(천일염) 3큰술

양념 굵은고춧가루 7큰술, 다진 마늘 2큰술, 멸치액젓 9큰술, 새우젓 1큰술, 매실청 4큰술, 통깨 3큰술

레시피

❶ 물에 소금 1큰술을 넣고 팔팔 끓으면 오이를 통으로 5초 정도 데친다. 오이를 살짝 데치면 금방 무르지 않아.

❷ 데친 오이는 찬물로 헹군 뒤 3~4등분으로 썰어 십자 칼집을 넣는다.

❸ 오이에 소금 2큰술을 뿌리고 20분 정도 절인 후 물에 헹구고 물기를 뺀다.

❹ 당근은 채 썰고, 부추, 양파는 다진다. 잘게 조사야 돼.

❺ 커다란 볼에 당근, 부추, 양파, 양념을 넣고 버무려 소를 만든다.

❻ 오이 칼집 부분을 벌리고 소를 넣는다. 바로 먹어도 괜찮고, 하룻밤 뒀다 먹어도 되지.

막례쓰팁 내가 쓰는 멸치액젓은 물을 타지 않아 진해. 새우젓도 3년 묵었는데 묵을수록 더 맛있어져.

겉절이
오이소박이

깍두기

이놈의 깍두기는 담그자마자 먹어도 맛있고, 알맞게 익었을 땐 또 그대로 맛있고, 오래 익혀 시어도 맛있더라.

재료

무 1개

소금(천일염) 1큰술

쪽파 10대

미나리 10대

양념

홍고추(건고추 혹은 물고추) 1개

배 $\frac{1}{4}$개

사과 $\frac{1}{4}$개

굵은고춧가루 5큰술

다진 마늘 2큰술

다진 생강 $\frac{1}{2}$큰술

멸치액젓 2큰술

새우젓 1큰술

새우젓 국물 1큰술

매실청 2큰술

신화당 한 꼬집

풀

물 1컵

찹쌀가루 1큰술

레시피

❶ 무는 깍둑 썰고, 쪽파, 미나리는 2cm 길이로 썬다.

❷ 볼에 깍둑 썬 무, 소금을 넣고 버무린다.

❸ 믹서에 홍고추, 배, 사과를 갈고 나머지 양념 재료를 넣고 섞는다. 풀을 따로 만들어 넣어도 되고, 믹서로 갈 때 밥 1큰술 같이 갈아도 돼. 밥을 넣으면 더 맛있긴 해.

❹ 냄비에 물, 찹쌀가루를 넣어 중불로 풀을 쑨다. 걸쭉한 질감으로 투명해질 때까지 끓인다. 한 김 식혀 양념에 같이 섞는다.

❺ 커다란 볼에 쪽파, 미나리, 양념을 넣고 버무린 뒤 무를 넣고 한 번 더 버무린다. 상온에 하룻밤 두면 금세 익어. 그러고 냉장고에 넣어.

막례쓰 팁 깍두기에 성공했으면 무생채는 껌이지. 무 채 썰어서 고춧가루, 파, 다진 마늘 넣고 액젓으로 간을 하면 돼.

동치미

재료

무 1개, 소금(천일염) 2큰술, 배 $\frac{1}{2}$개, 사과 $\frac{1}{2}$개, 마늘 3개, 생강 $\frac{1}{2}$개, 실파 9대, 절인 고추 2개, 소금물(물 6컵+소금(천일염) 2큰술) 6컵, 물 6컵

레시피

❶ 무는 큼직하게 썬 뒤 소금을 넣고 하룻밤 절인다. 물이 나와도 버리지 말어. 그대로 쓰는 거야.

❷ 배, 사과는 큼직하게 썰고, 마늘, 생강은 얇게 썬다. 실파는 두세 대씩 말아서 묶는다.

❸ 김치 통에 절인 무를 넣고 배, 사과, 마늘, 생강을 싼 면포를 그 위에 올린다.

❹ 실파, 절인 고추는 면포 위에 올리고 돌로 눌러 놓은 뒤 소금물을 붓는다. 절인 고추를 넣어야 맛이 톡 쏘제.

❺ 실내에서 3일간 두었다가 물 6컵을 붓고 3일 동안 익히고 냉장고에 보관한다. 물 양은 입맛에 맞게 조절한다.

막례쓰 팁 절인 고춧물도 있으면 동치미 물에 같이 넣어버려.

나박김치

재료

무 1개, 알배추 $\frac{1}{2}$통(혹은 통배추 $\frac{1}{4}$개), 배 $\frac{1}{4}$개, 사과 $\frac{1}{4}$개, 당근 $\frac{1}{4}$개, 양파 $\frac{1}{2}$개, 쪽파 7대, 미나리 7대, 홍고추 3개

양념 소금(천일염) 2큰술, 소금 $\frac{1}{2}$큰술, 설탕 3큰술, 다진 마늘 2큰술, 다진 생강 1큰술

고춧물 고춧가루 1컵, 물 15컵

레시피

❶ 큰 볼에 고춧가루를 넣은 면포를 넣고 물을 부어 고춧물을 낸다.

❷ 무, 알배추, 배, 사과, 당근, 양파를 나박나박 썬다.

❸ 쪽파, 미나리는 3cm 길이로 썰고, 홍고추는 어슷 썬다.

❹ 커다란 통에 손질한 채소, 양념을 넣고 버무린 뒤 고춧물을 붓는다. 상온에 하룻밤 두었다가 냉장고에서 이틀 정도 두면 먹어도 돼.

막례쓰 팁 물 많이 넣지 마. 배추랑 무에서도 물이 나오니까 자작하게만 부어. 나박김치에는 액젓 안 들어가.

동치미
나박김치

열무김치

내가 제일 좋아하는 김치. 혼자 살다 보니 한두 번만 안 먹어도 김치가 다 시어버리는데 열무김치는 어쩐지 잘 안 신다. 맵지도 않고 달지도 않아서 끝도 없이 들어간다. 국수에 말아서도 먹고, 물에 말아서도 먹고.

재료

열무 1단

소금(천일염) 1컵

양념

배 $\frac{1}{4}$개

사과 $\frac{1}{4}$개

홍고추 3개

고춧가루 3큰술

다진 마늘 3큰술

다진 생강 1큰술

새우젓 2큰술

새우젓 국물 1큰술

멸치액젓 10큰술

매실청 2큰술

풀

물 2컵

찹쌀가루 3큰술

레시피

❶ 열무를 다듬고 길이에 따라서 2~3등분으로 썬다.

❷ 큰 볼에 열무를 켜켜이 쌓으면서 소금을 사이사이에 뿌려 20분 정도 절인다. 먹기 좋으려면 아예 한 입 크기로 잘라서 담가도 돼.

❸ 믹서에 배, 사과, 홍고추를 갈고 나머지 양념 재료를 넣고 섞는다. 풀 안 만들려면 밥 1큰술 넣고 같이 갈아.

❹ 냄비에 물, 찹쌀가루를 넣어 중불로 풀을 쑨다. 걸쭉한 질감으로 투명해질 때까지 끓인다. 한 김 식혀 양념에 같이 섞는다.

❺ 절인 열무는 물에 헹군 뒤 물기를 뺀다.

❻ 커다란 볼에 열무, 양념을 넣어 버무린다. 맛을 봐서 짭짤한 정도로 간을 맞춰. 익으면 싱거워져. 열무김치는 실온에 두었다가 다음 날 먹으면 돼.

박렌스 팁 열부 다듬을 때는 겉잎 상한 것만 떼어내. 나는 밑동도 아까워서 그냥 다 넣어버려.

알타리김치

라면 먹을 때는 할머니의 알타리김치가 최고다. 면은 다 먹고, 라면 국물에 알타리김치만 먹고 있는 나를 발견하곤 한다.

재료

알타리 1단
소금(천일염) 3큰술
쪽파 10대
양파 $\frac{1}{2}$개
무 $\frac{1}{5}$개

양념

배 $\frac{1}{4}$개
사과 $\frac{1}{4}$개
홍고추 3개
설탕 1큰술
고춧가루 5큰술
고운고춧가루 10큰술(또는 통고추 20개를 믹서에 간 분량)
다진 마늘 4큰술
다진 생강 1큰술
멸치액젓 12큰술
새우젓 3큰술
새우젓국물 1큰술
매실청 7큰술

풀

물 2컵
찹쌀가루 3큰술

레시피

❶ 알타리는 소금에 반나절 정도 절인다.

❷ 믹서에 배, 사과, 홍고추를 갈고 나머지 양념 재료를 넣고 섞는다.

❸ 쪽파, 양파, 무는 잘게 다진다.

❹ 냄비에 물, 찹쌀가루를 넣어 중불로 풀을 쑨다. 걸쭉한 질감으로 투명해질 때까지 끓인다. 한 김 식혀 양념에 같이 섞는다.

❺ 절인 알타리는 물에 헹군 뒤 물기를 뺀다.

❻ 커다란 볼에 알타리, 쪽파, 양파, 무, 양념을 넣고 버무린다. 지금 바로 간이 맞으면 익은 후에 싱거우니 간을 조금 짜게 맞춰. 이파리 먹어보고 짜다 해야 무에 양념이 잘 들어.

막례쓰 팁 알타리는 익센 것들을 떼어버리고 무 부분은 칼로 살살 긁어내. 무가 크면 반으로 쪼개고.

갓김치

재료

갓 1단(400g), 소금물(물 2컵+소금(천일염) 2큰술), 쪽파 10대, 배 $\frac{1}{4}$개, 사과 $\frac{1}{4}$개, 홍고추 3개

양념 고춧가루 3큰술, 다진 마늘 3큰술, 다진 생강 1큰술, 멸치액젓 2큰술, 생멸치젓갈 2큰술

풀 물 1컵, 찹쌀가루 1큰술

레시피

❶ 갓을 소금물에 1시간 절인다.

❷ 쪽파는 다지고, 믹서에 배, 사과, 홍고추를 갈고 나머지 양념 재료를 넣고 섞는다. **생멸치젓갈은 익어야 비린내가 안 나. 국물을 쪽 짜서 양념에 넣으면 맛있어.**

❸ 냄비에 물, 찹쌀가루를 넣어 중불로 풀을 쑨다. 걸쭉한 질감으로 투명해질 때까지 끓인다. 한 김 식혀 양념에 같이 섞는다.

❹ 절인 갓은 물에 헹구고 물기를 뺀다.

❺ 커다란 볼에 갓, 양념을 넣고 버무린다. **양념이 싱거우면 간은 소금으로 맞춰. 김치는 양념했을 때 짜다 해야 간이 맞는 거야.**

막례쓰 팁 갓을 다듬는 법이 뭐 있어? 밑동 자르면 끝이지. 실내에 3일 두고 먹으면 돼. 딱 입에 들어가면 코에 탁 쏘제. 스파게티마냥 돌돌 말아갖고 먹어.

파김치

재료

쪽파 1단

양념 고춧가루 5큰술, 다진 마늘 1작은술, 진간장 1큰술, 멸치액젓 10큰술, 새우젓 2큰술, 매실청 1큰술

레시피

❶ 쪽파를 씻어 다듬는다.

❷ 준비한 양념 재료를 섞는다.

❸ 쪽파를 양념에 버무린다.

갓김치
파김치

할머니가 식당을 하실 때 김치를 담글 때면 온 식구도 모자라 할머니 동네 친구분들까지 일당을 받으며 동원이 되었다(거의 2천 포기씩 담갔으니까). 긴 테이블에 많은 인원이 일렬로 서서 테이블에 김치를 올리고, 양념을 비비고, 통에 담는 분업 방식이었다. 그러다 고모가 보쌈 먹으라고 부르면 그렇게 행복했다. 그날은 식당 손님들까지 서비스로 보쌈과 김치를 함께 먹었다. 동네잔치 같았던 날.

재료

배추 2포기
소금(천일염) 3컵
물 10컵
무 1개
배 $\frac{1}{2}$개
사과 $\frac{1}{2}$개
양파 1개
쪽파 10대
미나리 5대
홍고추 4개

양념

굵은고춧가루 11큰술
통고추 간 것 10큰술(통고추 20개 분량)
다진 마늘 2큰술
다진 생강 $\frac{1}{2}$큰술
멸치액젓 8큰술
새우젓 2큰술
새우젓 국물 2큰술
매실청 3큰술
통깨 $\frac{1}{2}$큰술

풀

물 2컵
찹쌀가루 3큰술

레시피

1. 배추는 겉잎을 떼고 뿌리 쪽에서 4등분해 소금에 반나절 동안 절인다.
2. 무, 배, 사과, 양파, 쪽파, 미나리, 홍고추는 잘게 다지고 양념과 함께 섞는다.
3. 냄비에 물, 찹쌀가루를 넣어 중불로 풀을 쑨다. 걸쭉한 질감으로 투명해질 때까지 끓인다. 한 김 식혀 양념에 같이 섞는다.
4. 커다란 볼에 준비한 채소, 양념을 넣고 버무려 김칫소를 만든다. 배춧잎 하나에 김칫소를 올려 간을 봐봐. 살짝 짜야 하는데 부족하면 액젓이나 소금을 더 넣어.
5. 절인 배추는 물에 헹구고 물기를 뺀다.
6. 배춧잎 사이사이에 김칫소를 바르듯이 고루 넣은 뒤 겉잎으로 배추를 감싼다.

막례쓰 팁

보통은 배추김치에 무를 길게 채 썰어서 넣잖아. 근데 나는 다 조사버려. 그러면 양념이 깔끔하지. 내 비법이야. 여름에 금방 먹을 거면 부추를 넣어도 맛있어.

김치는 엄마 하는 거 보고 배웠지.
열다섯 살 먹었을 때부터 배추김치, 파김치, 갓김치 종류별로 다 담갔어.
친정 엄마가 음식을 잘 해 먹였어. 반찬도 엄마한테 다 배웠지.
우리 엄마 음식은 동네에서 다 알아줬으니까.
엄마 김장하는 거 보면 지금도 눈에가 생생하고 삼삼해.
어려서 내 친구네 집 가봐도 우리 엄마 김치 같지 않드라고.

우리 집은 일꾼 사서 김치 담갔어. 그때는 100포기 정도 해가지고.
김치 광이 있었어. 창고마냥 있어서 문 열면 김치 항아리가 있었고 동네에서는 우리 집밖에 그런 공간이 없었어. 큰 항아리, 적은 항아리 두 줄로 쫘악 있어갖고 진짜 멋있었어. 항아리 40개 정도 꽉 채워놓으면 진짜 마음이 좋았어.

엄마가 해준 김치 맛이 지금도 기억이 나.
어떻게 하면 그 맛을 낼까. 아직도 내가 하면 엄마 김치 맛이 안 나.
그때 당시 젓갈하고 요즘 것하고 달라서 그런가. 우리 엄마가 김치를 담글 때는 생멸치젓을 썼지. 1, 2년 곰삭은 것으로 김치를 담가보면 맛이 천지 차이인 걸 알 수 있을 거야.
시간 날 때 김치도 한번 꼭 담가봐. 이런 게 도전이지.

EPILOGUE

유라

어렸을 적 할머니를 떠올리면 식당 주방에서 항상 바쁘던 모습이 떠오른다. 손녀 왔다고 다정하게 안아주는 할머니 대신, 매일 새벽 4시에 일어나 명절 하루 빼고 일 년 내내 쉬지도 않던 할머니. 손녀랑 인사할 새도 없이 바삐 몸을 움직이던 할머니. 나는 자연스럽게 가방을 내려놓고 할머니가 만들고 담아주는 음식을 손님에게 내어갔다.

손님이 다 빠지고 나서야 할머니와 마주 보고 앉을 수 있었다. 된장찌개, 계란말이, 그날그날 만든 밑반찬 등을 사이에 두고 함께 밥을 먹었다. 할머니가 해주는 음식은 밑반찬까지 하나하나 다 맛있어서 특별히 편식한 적이 없다. 할머니의 메뉴 중 특히 좋아했던 건 오징어비빔국수다. 비가 많이 오는 날이나 손님이 없는 날에 운 좋으면 먹을 수 있었던 메뉴. 유튜브와 더불어 책에서도 이 레시피를 함께 나눌 수 있어서 다행이다.

김치찌개 끓여주는 작은 식당부터 시작해 어엿한 식당 주인이 되었다가, 2018년에 도로가 나는 바람에 할머니는 뜻밖의 은퇴식을 했다. 구석구석 손길이 닿지 않은 곳 없이 수시로 닦아 반짝이던 반찬통들이 놓여 있던 곳. 할머니의 마지막 식당은 어제 다녀온 듯 눈앞에 생생하게 기억이 난다.

내가 지금껏 본 사람 중에 가장 부지런하고 책임감 있는 사람은 단연코 박막례 씨, 우리 할머니다. 어떻게 저렇게 쉬지 않고 일을 하면서도 불만 없이 책임감만 가득한지, 모든 물건이 이렇게나 깔끔하게 제자리에 있을 수 있는지 늘 놀라웠다. 명절 빼고 쉬지 않는 할머니가 안쓰러워 물어보면 "남들 쉬는 날에 내가 쉬면 그날 일하는 손님들은 어디 가서 식사를 해?"라는 대꾸가 돌아왔다.
음식에 있어서는 할머니만의 철학과 사랑, 그리고 자신의 음식을 먹어주는 사람들에 대한 애정이 가득 넘쳤다. 눈을 뜨면 매일 무슨 밑반찬을 할지 고민했다. 자주 오는 손님들이 뭘 좋아하는지, 질리지 않게 메뉴를 짜고, 좋아하는 밑반찬을 해두었다가 손님이 오면 무심히 툭 꺼내주는 할머니였다. 내 음식을 먹는 손님에 대한 사랑과 책임감은 어느 회사 대표 못지않은 프로 그 자체였다.

할머니 음식을 먹고 자란 나에게 요리는 아직 멀고 먼 세계다. 독립하고 혼자 살면서도 먹는 것에 특별히 관심을 쏟아본 적 없고 끼니마다 배달앱을 켜는 게 습관이다.

그럼에도 할머니 음식 생각이 간절해질 때가 가끔 있다. 평소에는 스팸과 에어프라이어용 꼬마돈가스, 계란이면 충분하지만, 찌개가 먹고 싶은 날이 있다. 찌개라는 건 혼자 먹자고 만들기에 무척 귀찮으면서 할머니의 맛을 낼 자신도 없다. 기름과 프라이팬만 있으면 되는 스팸이나 에어프라이어 버튼을 누르기만 하면 저절로 요리가 되는 꼬마돈가스와는 달리, 다진 마늘, 파, 두부도 있어야 하고, 다양한 조미료까지 장을 봐야만 하는 거다. 정말이지 요리를 잘 알지 못하는 나에게는 아직 넘어보지 않은 큰 벽과 같다.

그런 내게 할머니는 언제까지 그렇게 살 거냐고 묻는다. 먹는 것 하나 스스로 해결 못 하고 남의 손 빌려가며 사는 손녀가 할머니로서는 가장 큰 걱정인 것이다.
이번 책을 작업하면서 조금씩 도전해볼 용기가 생겼다. 할머니처럼 생계를 위한 기술이 아니어도 좋으니까. 제철 재료들을 매 계절마다 하나씩 맛보는 재미를 느껴보고 싶다. 직접 음식을 만들어 먹는 기쁨을 이제는 슬슬 알아갈 때가 된 것 같다.

막레쓰

할머니 요리책 보고 꼭 글씨 써놓은 대로 해서 맛있게 먹으면 좋겠어.
맛있게 먹는 것이 행복이야.

"할머니 요리 별거 아니네" 말고
"할머니 레시피 정말 맛있다"는 얘기 듣고 싶네.

찾아보기

ㄱ

ㄴ

ㄷ

★ 유라 강력 추천 ★

ㅁ

ㅂ

ㅅ

ㅇ

ㅈ

ㅋ

ㅍ

ㅎ

막레쓰와 음식 취향이 맞는

단짝친구 찾기

* 막레쓰 선택은 다음 페이지에 있습니다.

나는 (밥) / (면) 이 좋다.

나는 (쌀밥) / (잡곡밥) 이 좋다.

나는 (진밥) / (된밥) 이 좋다.

나는 (단맛) / (매운맛) 이 좋다.

나는 (호박죽) / (팥죽) 이 좋다.

나는 (먹는 것) / (요리하는 것) 이 좋다.

나는 (집밥) / (외식) 이 좋다.

나는 (배추김치) / (갓김치) 를 좋아한다.

나는 젓갈을 (좋아한다) / (안 좋아한다).

나는 회를 (좋아한다) / (안 좋아한다).

나는 (단감) 이 / (홍시) 가 좋다.

나는 (딱딱한 복숭아) / (부드러운 복숭아) 가 좋다.

나는 수박은 (화채로 먹는 게) / (그냥 잘라 먹는 게) 좋다.

나는 탕수육은 소스를 (찍어 먹는 게) / (부어 먹는 게) 좋다.

나는 떡볶이의 (어묵) / (삶은 계란) 이 좋다.

나는 (짬뽕) / (자장면) 이 좋다.

나는 (비빔국수) / (잔치국수) 가 좋다.

나는 (물냉면) / (비빔냉면) 이 좋다.

나는 (계란프라이) / (계란말이) 가 좋다.

나는 (갈치) / (고등어) 가 좋다.

나는 (소갈비) / (돼지갈비) 가 좋다.

나는 (간장찜닭) / (닭볶음탕) 이 좋다.

나는 (생갈비) / (양념갈비) 가 좋다.

나는 (양념치킨) / (프라이드치킨) 이 좋다.

나는 (보쌈) / (족발) 이 좋다.

나는 (소보루) 가 / (단팥빵) 이 좋다.

나는 (햄버거) / (피자) 가 좋다.

나는 (찹쌀떡) 이 / (카스테라) 가 좋다.

나는 (고구마) / (감자) 가 좋다.

나는 (커피) / (차) 가 좋다.

당신은 막례쓰의 단짝입니까?

나는 (밥) / (면) 이 좋다.
나는 (쌀밥) / (잡곡밥) 이 좋다.
나는 (진밥) / (된밥) 이 좋다.
나는 (단맛) / (매운맛) 이 좋다.
나는 (호박죽) / (팥죽) 이 좋다.

나는 (먹는 것) / (요리하는 것) 이 좋다.
나는 (집밥) / (외식) 이 좋다.
나는 (배추김치) / (갓김치) 를 좋아한다.
나는 젓갈을 (좋아한다) / (안 좋아한다).
나는 회를 (좋아한다) / (안 좋아한다).

나는 (단감) 이 / (홍시) 가 좋다.
나는 (딱딱한 복숭아) / (부드러운 복숭아) 가 좋다.
나는 수박은 (화채로 먹는 게) / (그냥 잘라 먹는 게) 좋다.
나는 탕수육은 소스를 (찍어 먹는 게) / (부어 먹는 게) 좋다.
나는 떡볶이의 (어묵) / (삶은 계란) 이 좋다.

나는 (짬뽕) / (자장면) 이 좋다.
나는 (비빔국수) / (잔치국수) 가 좋다.
나는 (물냉면) / (비빔냉면) 이 좋다.
나는 (계란프라이) / (계란말이) 가 좋다.
나는 (갈치) / (고등어) 가 좋다.

나는 (소갈비) / (돼지갈비) 가 좋다.
나는 (간장찜닭) / (닭볶음탕) 이 좋다.
나는 (생갈비) / (양념갈비) 가 좋다.
나는 (양념치킨) / (프라이드치킨) 이 좋다.
나는 (보쌈) / (족발) 이 좋다.

나는 (소보루) 가 / (단팥빵) 이 좋다.
나는 (햄버거) / (피자) 가 좋다.
나는 (찹쌀떡) 이 / (카스테라) 가 좋다.
나는 (고구마) / (감자) 가 좋다.
나는 (커피) / (차) 가 좋다.

푸드스타일링 & 쿠킹 스튜디오
STUDIO ROSSO 김보선, 전윤정
opwolf@hanmail.net

포토그래퍼
STUDIO DEJAVU 김재욱
iceman847@gmail.com

메이크업 아티스트
어느멋진날 영빈
인스타그램 @y_youngbin

현장 스태프
조금란, 이하나, 박은희, 김수현

인물 일러스트
우야다 스튜디오
인스타그램 @uyada.studio

협찬처
마르코로호 인스타그램 @marco_roho
광주요 www.ekwangjuyo.com 02-3446-4800
키스마이하우스 www.kissmyhaus.com
코렐브랜드 www.corellebrands.co.kr

박막례시피

초판 1쇄 발행 2020년 9월 14일
초판 4쇄 발행 2020년 9월 22일

지은이 박막례, 김유라
펴낸이 강일우
본부장 윤동희
책임편집 이지은
디자인 장미혜

펴낸곳 ㈜미디어창비
등록 2009년 5월 14일
주소 04004 서울 마포구 월드컵로12길 7 창비서교빌딩
전화 02-6949-0966
팩시밀리 0505-995-4000
홈페이지 books.mediachangbi.com
전자우편 mcb@changbi.com

ⓒ 박막례, 김유라 2020
ISBN 979-11-90758-18-5 13590

• 이 책 내용의 전부 또는 일부를 재사용하려면 반드시 저작권자와 ㈜미디어창비 양측의 동의를 받아야 합니다.
• 책값은 뒤표지에 표시되어 있습니다.
• 인쇄 · 제작 및 유통상의 파본 도서는 구입하신 서점에서 바꿔드립니다.